Patrimoine scolaire

SA SAUVEGARDE
ET SA VALORISATION

Catalogage avant publication de Bibliothèque et Archives Canada

Vedette principale au titre :

Le patrimoine scolaire : sa sauvegarde et sa valorisation

Textes présentés lors d'un colloque organisé par le Centre interuniversitaire d'études québécoises de l'Université Laval et le Groupe de recherche sur l'éducation et les musées de l'Université du Québec à Montréal dans le cadre du 73ᵉ Congrès de l'ACFAS, et tenu les 12 et 13 mai 2005 à l'Université du Québec à Chicoutimi.

Comprend des réf. bibliogr.

ISBN-13 : 978-2-89544-092-5

ISBN-10 : 2-89544-092-1

1. Équipements scolaires – Conservation et restauration – Québec (Province) – Congrès. 2. Éducation – Fonds d'archives – Québec (Province) – Congrès. 3. Constructions scolaires – Conservation et restauration – Québec (Province) – Congrès. I. Meunier, Anik, 1968- . II. Centre interuniversitaire d'études québécoises. III. Université du Québec à Montréal. Groupe de recherche sur l'éducation et les musées. IV. Congrès de l'ACFAS (73ᵉ : 2005 : Université du Québec à Chicoutimi).

LB3219.C3P37 2006   371.609714   C2006-940414-3

Photo de la page couverture :
Sur la route des écoliers à Sainte-Émilie, Lotbinière, 1957.
O. Beaudoin, cote E6, S7, P3695-57

Photo de l'auteure en quatrième de couverture : Nathalie St-Pierre, UQAM

Sous la direction d'Anik Meunier

Patrimoine scolaire

SA SAUVEGARDE
ET SA VALORISATION

ÉDITIONS
MULTIMONDES

Impression : Marquis imprimeur

Éditions MultiMondes, 2006
ISBN-13 : 978-2-89544-092-5
ISBN-10 : 2-89544-092-1
Dépôt légal – Bibliothèque et Archives nationales du Québec, 2006
Dépôt légal – Bibliothèque nationale du Canada, 2006

ÉDITIONS MULTIMONDES
930, rue Pouliot
Québec (Québec) G1V 3N9
CANADA
Téléphone : (418) 651-3885 ; téléphone sans frais : 1 800 840-3029
Télécopie : (418) 651-6822 ; télécopie sans frais : 1 888 303-5931
multimondes@multim.com
http://www.multim.com

DISTRIBUTION AU CANADA
PROLOGUE INC.
1650, boul. Lionel-Bertrand
Boisbriand (Québec) J7H 1N7
CANADA
Téléphone :   (450) 434-0306
Tél. sans frais : 1 800 363-2864
Télécopie :   (450) 434-2627
Téléc. sans frais : 1 800 361-8088
prologue@prologue.ca
http://www.prologue.ca

DISTRIBUTION EN FRANCE
LIBRAIRIE DU QUÉBEC
30, rue Gay-Lussac
75005 Paris
FRANCE
Téléphone :   01 43 54 49 02
Télécopie :   01 43 54 39 15
direction@librairieduquebec.fr
http://www.librairieduquebec.fr

DISTRIBUTION EN BELGIQUE
LIBRAIRIE FRANÇAISE
ET QUÉBÉCOISE
Avenue de Tervuren 139
B-1150 Bruxelles
BELGIQUE
Téléphone :   +32 2 732.35.32
Télécopie :   +32 2 732.42.74
info@vanderdiff.com
http://www.vanderdiff.com/

DISTRIBUTION EN SUISSE
SERVIDIS SA
Rue de l'Etraz, 2
CH-1027 LONAY
SUISSE
Téléphone :   (021) 803 26 26
Télécopie :   (021) 803 26 29
pgavillet@servidis.ch
http://www.servidis.ch

Les Éditions MultiMondes reconnaissent l'aide financière du gouvernement du Canada par l'entremise du Programme d'aide au développement de l'industrie de l'édition (PADIÉ) pour leurs activités d'édition. Elles remercient la Société de développement des entreprises culturelles du Québec (SODEC) pour son aide à l'édition et à la promotion.

Gouvernement du Québec – Programme de crédit d'impôt pour l'édition de livres – gestion SODEC.

Nous remercions le Conseil des Arts du Canada de l'aide accordée à notre programme de publication.

 Imprimé avec de l'encre végétale sur du papier 100 % recyclé.

IMPRIMÉ AU CANADA/PRINTED IN CANADA

Remerciements

Je tiens à remercier trois personnes passionnées qui se trouvent à l'origine de l'idée de la création d'un Musée de l'Éducation au Québec, il s'agit de Michel Allard, Monique Lebrun et Paul Aubin. C'est avec beaucoup de sincérité et d'appréciation, que je salue leur disponibilité constante et leur enthousiasme indéfectible.

Je remercie également Roch Denis, recteur de l'UQAM, d'avoir soutenu ce projet.

Enfin, merci à tous les collaborateurs, en particulier le Centre interuniversitaire d'études québécoises (CIEQ) de l'Université Laval et le Groupe de recherche sur l'éducation et les musées (GREM) de l'UQAM, qui ont permis la publication de cet ouvrage qui, souhaitons-le, marquera un temps de l'histoire du Québec. Moment où le Québec affirme collectivement l'importance de sauvegarder et de valoriser son patrimoine scolaire.

Anik Meunier

Table des matières

Table des matières

LISTE DES AUTEURS

Michel Allard
Professeur et directeur du Groupe de recherche sur l'éducation
et les musées (GREM) de l'Université du Québec à Montréal (UQAM)

Paul Aubin
Chercheur, Centre interuniversitaire d'études québécoises (CIEQ),
Université Laval

Soraya Bassil
Historienne de l'art et muséologue, chercheure associée au Groupe
de recherche sur l'éducation et les musées (GREM) de l'Université
du Québec à Montréal (UQAM)

Priscilla Boyer
Étudiante, programme de doctorat en éducation, Université du Québec
à Montréal (UQAM)

Robert Cadotte
Directeur, Centre de formation sur l'enseignement en milieux
défavorisés, Université du Québec à Montréal (UQAM)

Brigitte Caulier
Professeure, Département d'histoire et directrice du Centre
interuniversitaire d'études québécoises (CIEQ), Université Laval

Jean-Paul Desbiens
Alias Frère Untel

Yves Gaulupeau
Directeur, Musée national de l'Éducation, Rouen, Institut national
de recherche pédagogique (INRP), France

Thérèse Hamel
Professeure, Département des fondements et pratiques en éducation,
Université Laval

Pierre-Louis Lapointe
Archiviste, Archives nationales du Québec (ANQ)

Monique Lebrun
Professeure, Département de linguistique et de didactique des langues,
Université du Québec à Montréal (UQAM)

Roderick MacLeod
Président, Réseau du patrimoine anglophone du Québec

Anik Meunier
Professeure, Département d'éducation et pédagogie et programme
de maîtrise en muséologie, Université du Québec à Montréal (UQAM)

Marguerite Nielly
Étudiante, programme de maîtrise en muséologie, Université du Québec
à Montréal (UQAM)

Jean-Claude Tardif
Conseiller, Centrale des syndicats du Québec (CSQ)

Préface
Le patrimoine scolaire, entre rupture et continuité

Anik Meunier

Les préoccupations normatives, architecturales, urbaines, rurales et sociales exprimées dans divers pays occidentaux au sujet du patrimoine scolaire ont permis, sinon de valoriser, du moins d'attirer l'attention sur cette question au Québec. S'il est vrai que le Québec a déployé au cours des dernières années certains efforts pour préserver son patrimoine militaire, politique, économique, naturel et religieux, il n'en demeure pas moins qu'il n'a toujours pas vraiment pris conscience de l'importance de préserver son patrimoine scolaire. Démolitions et reconversions ne semblent pas soulever de questions, comme si ce patrimoine n'avait pas la valeur symbolique d'une église ou d'une industrie.

À partir de ces quelques constats, un colloque intitulé *Le patrimoine scolaire: un patrimoine à sauvegarder?* a été organisé conjointement par le Centre interuniversitaire d'études québécoises (CIEQ) de l'Université Laval, dirigé par Brigitte Caulier, et le Groupe de recherche sur l'éducation et les musées (GREM) de l'Université du Québec à Montréal (UQAM), dirigé par Michel Allard. Ce colloque a réuni des chercheurs universitaires et des intervenants du monde de l'éducation préoccupés par cette question dans le but de consolider les synergies entre les différents responsables et acteurs et de planifier des interventions concertées. Car, si les questions entourant les diverses dimensions du patrimoine scolaire semblent, pour certains, cruciales et actuelles, il n'en demeure pas moins que, pour d'autres, elles sont négligées, voire ignorées.

La réunion d'acteurs du milieu, intéressés par la question du patrimoine scolaire, a eu quelques échos dans l'actualité québécoise. Notons à titre d'exemple, la parution d'un article dans le quotidien *Le Devoir*, intitulé « Le Québec néglige son patrimoine scolaire »[1]. Il est intéressant de noter qu'il est question dans cet article de la revendication de la protection de notre patrimoine scolaire, des actions les plus urgentes à engager et auxquelles notre société doit répondre afin de protéger notre patrimoine scolaire, des acteurs concernés par ces questions, des débats sur les plans politique, économique et social que soulève le fait de s'intéresser à ce patrimoine en particulier.

Écolier photographié avant de monter dans l'autobus scolaire, circa 1975, Archives de la Commission scolaire de Montréal.

Le caractère pressant des questions entourant les propos tenus au sujet du patrimoine scolaire nous a également incités à présenter un ouvrage qui, nous le souhaitons, témoignera de la réflexion amorcée et des débats engagés. Le titre de l'ouvrage *Le patrimoine scolaire : sa sauvegarde et sa valorisation* renvoie directement aux divers points de vue articulés autour de ces axes conceptuels. Les auteurs s'interrogent sur la pertinence de conserver et de sauvegarder les documents et autres témoins culturels de l'école et proposent des formes et modalités de leur mise en valeur.

Lorsqu'il est question de patrimoine, on fait généralement allusion aux biens culturels, aux monuments, à un héritage ou à la notion plus vaste d'héritage. Dans la définition du terme patrimoine, Desvallées (1995) a clairement montré que le fait de rapprocher le terme anglo-saxon *heritage*, qui signifie patrimoine, et le mot héritage, qui, en français, dans son sens premier, renvoie au patrimoine laissé par une personne décédée et transmis par succession, serait simplifier, voire réduire l'acception plus large que l'on devrait accorder à cette notion. En effet, il propose la définition suivante du terme patrimoine.

---

1. Pour donner suite à la présentation du colloque *Le patrimoine scolaire : un patrimoine à sauvegarder ?* (12-13 mai 2005), organisé dans le cadre du 73ᵉ Congrès de l'Association canadienne française pour l'avancement des sciences (ACFAS), à l'Université du Québec à Chicoutimi (UQAC), le quotidien *Le Devoir* titrait dans sa section « Actualités » des samedi 14 et dimanche 15 mai 2005, « Le Québec néglige son patrimoine scolaire », (page A2).

Le patrimoine est l'ensemble de tous les biens naturels ou créés par l'homme sans limite de temps et de lieu. Il constitue l'objet de la culture. Cette notion dynamique et prospective, manifestée avec acuité dans le développement de notre civilisation, est essentielle à l'hygiène et à la survie de la Civilisation. Outre la mission de conserver et de transmettre, elle implique la protection et l'exploitation du patrimoine acquis et du patrimoine futur[2].

Que faut-il retenir de cette définition du patrimoine ? Que le patrimoine est un ensemble de biens qui composent la culture, soit des biens culturels. Qu'entend-on précisément par « bien culturel » ? La Loi sur les biens culturels du Québec définit comme « bien culturel » une œuvre d'art, un bien historique qui comprend tout manuscrit, imprimé, document audiovisuel ou objet façonné dont la conservation présente un intérêt historique ; un monument qui comprend tout immeuble présentant un intérêt historique par son utilisation ou son architecture ; un site historique qui comprend tout lieu où se sont déroulés des événements ayant marqué l'histoire du Québec ou une aire renfermant des biens ou des monuments historiques ; un bien archéologique qui comprend tout bien témoignant de l'occupation humaine préhistorique ou historique ; un site archéologique qui comprend tout lieu où se trouvent des biens archéologiques ; une œuvre cinématographique, audiovisuelle, photographique, radiophonique ou télévisuelle.

Au Québec, il existe une chronologie que l'on peut identifier par phases successives d'intégration et d'inclusion de certains biens culturels à la notion de patrimoine : la phase 1 (1922-1952) est strictement liée à la notion de monuments ; la phase 2 (1952-1963) fait entrer les œuvres d'art ; la phase 3 (1963-1972) intègre les objets et sites historiques et archéologiques ; la phase 4 (1972-1985) inclut les sites naturels et enfin, la phase 5 (à partir de 2000) introduit le patrimoine immatériel, notamment le patrimoine linguistique.

Ces quelques définitions et précisions ont l'avantage d'être révélatrices de l'ampleur que la notion de patrimoine a prise au cours du XXᵉ siècle, que ce soit dans la complexité de sa matérialité, l'étendue du territoire culturel concerné ou la diversité de ses formes d'expression. Ainsi, la notion de patrimoine se complexifie au gré de l'intégration élargie de la définition des biens culturels. En effet, en intégrant les objets immatériels et intangibles à la notion de patrimoine, c'est tout un autre pan historique, culturel et sociétal qui s'ouvre : pensons, entre

---

2. Pour en savoir plus, voir André Desvallées, 1995. « Émergence et cheminement du mot patrimoine », *Musées et Collections publiques de France*, 208, septembre 2005, p. 6-29.

autres, aux témoignages des pratiques pédagogiques d'enseignantes du début du XIXe siècle, cela aussi, dorénavant, constitue le patrimoine. La notion de patrimoine recouvre l'idée de mémoire (collective), de transmission (biens culturels), d'identité (territoriale) et d'appartenance culturelle. Les témoignages relevant de la « société orale », les notes de cours ayant servi dans l'enseignement, les cahiers d'élèves sont au cœur du patrimoine, là où une part essentielle de la culture se définit[3]. La culture en tant que porteuse de valeurs identitaires d'une collectivité.

Que se passe-t-il lorsque nous regardons le patrimoine depuis le présent en nous posant la question du rapport au passé et au présent que le patrimoine instaure ? Davallon (2002) propose des domaines d'usage du patrimoine qui renvoient à l'idée de rupture ou de continuité dans la constitution du patrimoine. La rupture implique une coupure entre la société actuelle et celle qui a produit des objets (bien culturels). L'objet de patrimoine perd sa valeur d'usage pour gagner une valeur symbolique. Par exemple, l'ancien pupitre d'élève ne sera plus utilisé dans une école, il passera du monde réel au monde symbolique. À l'inverse, l'idée de continuité, constitutive de la notion même de patrimoine, renvoie d'office au concept de maintien de la tradition, appelant la reproduction, marquant une identité[4].

En nous éloignant du domaine d'usage du patrimoine, afin d'avoir une vue d'ensemble sur sa constitution, nous devons constater que l'existence et la conservation même d'un patrimoine supposent que la rupture ne soit pas totale. Il conviendrait, selon nous, d'écarter les choix de société radicaux éliminant toute possibilité de conservation et de constitution patrimoniale ainsi que toute situation dans laquelle une société maintiendrait les formes et fonctions d'origine de ce qui constitue son patrimoine. La constitution du patrimoine suppose plusieurs formes de redéfinitions : identitaire, culturelle, sociale.

La question se pose : où en sommes-nous, en tant que société, en ce qui a trait au patrimoine scolaire ? Il semble que déjà, nous ayons privilégié certaines formes de ruptures, peut-être partielles mais certes irréversibles. Dans la société québécoise, plusieurs témoins de ce qui caractérise le patrimoine scolaire ont été matériellement et

---

3. Pour en savoir plus, consulter Lenclud, Gérald, 1987. « La tradition n'est plus ce qu'elle était... Sur les notions de tradition et de société traditionnelle en ethnologie », *Terrain*, 9 octobre 1987.
4. Pour en savoir plus, consulter Davallon, Jean, 2002. « Tradition, mémoire, patrimoine », *in* Schiele, B. (dir.) *Patrimoines et identités*, Québec : Éditions MultiMondes, p. 41-64.

historiquement fragmentés. Ils ont été, à travers le temps, parfois délais-sés, souvent oubliés et sont encore trop peu reconnus : qu'il s'agisse des écoles et bâtiments scolaires (patrimoine bâti), des objets ayant servi à enseigner (patrimoine matériel), des témoignages oraux des enseignantes (patrimoine immatériel). Combien de maisons d'école ont été démolies, de documents d'archives, égarés, de photographies, brûlées et, de manuels scolaires, jetés ? Que souhaitons-nous pour la constitution et l'avenir du patrimoine scolaire québécois ? Nous identifier collectivement à une période de rupture ou de continuité ?

Comprendre cette forme singulière de transmission propre au patrimoine culturel, nécessite de décrire la démarche par laquelle un objet est « patrimonialisé ». Pour détailler cette démarche, Davallon (2002) propose six étapes qu'il nomme « gestes de patrimonialisation ». Il s'agit de :

- la découverte de l'objet comme « trouvaille » ;
- la certification de l'origine de l'objet ;
- l'établissement de l'existence du monde d'origine ;
- la représentation du monde d'origine par l'objet ;
- la célébration de la « trouvaille » de l'objet par son exposition ;
- l'obligation de transmettre aux générations futures.

Chacune de ces étapes permet de constituer les biens culturels en patrimoine[5]. Est-ce le cas pour le patrimoine scolaire ? Peut-on affirmer que les gestes de patrimonialisation sont soigneusement respectés ? Au Québec, encore à ce jour, le patrimoine scolaire n'a pas franchi l'étape de reconnaissance. Les biens culturels qui le constituent ne sont pas identifiés ni reconnus comme ayant une valeur patrimoniale. Comme si ces témoins de culture ayant appartenu à la sphère de l'école n'avaient pas la valeur que l'on accorde à d'autres relevant des domaines artistique, historique, religieux, par exemple.

L'attention portée au patrimoine scolaire n'est pas non plus encore passée de la sphère privée (personnes, communautés, municipalités) à la sphère collective. Ce type de patrimoine ne bénéficie pas, actuellement, de l'intérêt de la collectivité. Nous n'aurions garde d'oublier ici les efforts louables de certaines personnes ou de communautés religieuses enseignantes qui conservent et préservent des fractions du patrimoine scolaire. Ces cas sont cependant encore trop peu nombreux.

---

5. Pour en savoir plus, consulter Davallon, Jean, 2002. « Comment se fabrique le patrimoine ? », *Sciences Humaines*, hors-série, 36, mars-avril-mai, 2002, p. 74-78.

Cela dit, il y a nécessité, voire urgence de faire glisser, ce qui pourrait constituer le patrimoine scolaire, du monde privé au monde collectif, au monde public : l'appropriation, voire la réappropriation de notre patrimoine scolaire est à ce prix. Sans appropriation collective, il n'y a pas de transmission. S'il n'y a pas transmission, il est impossible de qualifier les éléments historiques de patrimoine puisqu'il y a rupture temporelle et culturelle au sein de la société.

En définitive, on peut dire que la patrimonialisation est une forme originale de production de continuité dans une société qui privilégie davantage la rupture et l'innovation que la reproduction et la tradition. À partir du présent, la patrimonialisation construit ou reconstruit un lien avec le passé en mettant l'accent sur la conservation des objets qui nous ont été « transmis », pour les transmettre à d'autres à venir. Les objets du patrimoine servent ainsi à construire des liens sociaux dans le temps en instituant un discours intergénérationnel.

L'idée la plus communément admise est que le patrimoine assure la continuité entre ceux qui l'ont produit, ou qui en ont été les dépositaires, et nous qui en sommes les héritiers puisqu'ils nous l'ont transmis. De là, naît la charge de conserver, de préserver, de sauvegarder ce patrimoine pour le transmettre à notre tour[6].

L'acception usuelle du terme patrimoine scolaire renvoie de manière plutôt claire à ce que recouvrent les différentes réalités de l'école et de la sphère scolaire. Mais, quel avenir pour le patrimoine scolaire au Québec ? La définition même du patrimoine scolaire soulève des polémiques liées à la conservation des bâtiments architecturaux, à la reconnaissance des institutions scolaires des communautés culturelles, à l'apport de l'écrit dans sa constitution, à la place des manuels scolaires, au patrimoine linguistique ou immatériel en lien avec l'enseignement, aux diverses voies de mise en valeur et aux dimensions constitutives du patrimoine de l'école. Ce sont là les sujets d'importance abordés par les auteurs du présent ouvrage.

---

6. *Ibid.*, p. 46.

Réflexions à propos d'éducation et de patrimoine*

Jean-Paul Desbiens

Si tu ne sais où aller, regarde d'où tu viens.

Le 8 mai 1945, le maréchal Wilhelm Keitel signait la capitulation sans conditions de l'Allemagne. Cette cérémonie mettait fin à la Première Guerre mondiale. La guerre de 1914-1918, en effet, n'avait pas été une guerre mondiale, mais une guerre européenne. Des historiens proposent de la désigner par l'expression : « la Grande Guerre ». Soit dit en passant, le maréchal Keitel fut jugé lors du procès de Nuremberg. Il avait demandé d'être fusillé, comme il convient à un soldat coupable. Il a été pendu. *Vae victis ! Malheur aux vaincus !*

Ces derniers mois, un peu partout dans le monde, on a célébré diverses commémorations à l'occasion du 60e anniversaire de la libération des camps de concentration, notamment, celle d'Auschwitz et de la Shoah, mot hébreu qui signifie « anéantissement ». Ce n'est pas à des archivistes que j'apprendrai l'importance du « devoir de mémoire ». Il n'est d'ailleurs pas besoin d'être archiviste pour avoir remarqué que lors des conventums et autres réunions d'anciens élèves, chacun s'attarde devant les cadres des photos de finissants.

Si je m'en rapporte à un courriel reçu le 4 avril dernier, le titre de la conférence que je vous soumets ce matin se lit ainsi : *Les divers mouvements sociaux dans le monde de l'éducation et les incidences sur la sauvegarde du patrimoine scolaire.*

---

* Avertissement : Nonobstant le sujet propre à notre colloque, je ferai écho au thème général du présent congrès sur le **développement durable**. *Le Devoir* de lundi, 9 mai 2005, titrait : *L'ACFAS passe au vert.*

Essayons d'abord de voir le plus clairement possible les mots clés de cet énoncé. Les mots sont «les yeux de l'esprit» (Valéry)[1]. Frottons donc deux ou trois mots : *éducation, patrimoine, mouvements sociaux.*

Éducation : Henri-Irénée Marrou définit l'éducation comme *la technique collective par laquelle une société initie sa jeune génération aux valeurs et aux techniques qui caractérisent la vie de sa civilisation*[2]. Cet énoncé même contient des mots lourds : technique collective, valeurs, civilisation. On pourrait d'ailleurs les expliquer soigneusement, et l'on se trouverait ainsi à avoir traité le sujet. Alain disait *qu'une analyse directe des mots usuels permet toujours de traiter honorablement n'importe quelle question*[3]. Mais étant affranchi de la funeste idée d'être complet, je me contenterai des deux ou trois mots que je viens d'annoncer.

Patrimoine : On dit couramment «patrimoine familial» ; «patrimoine architectural» ; «patrimoine génétique» ; «patrimoine immobilier» ; «patrimoine foncier» ; «patrimoine financier». Chateaubriand parlait des **pensées** *qui deviennent le «patrimoine de l'univers»*. Le terme «héritage» y est souvent accolé. La première acception du terme dans le *Robert* se lit ainsi : *Biens de famille, biens que l'on a hérités de ses ascendants.* On trouve ensuite les précisions suivantes : *Ensemble des biens corporels et incorporels et des créances nettes d'une personne (physique ou morale) à une date donnée.* La présence du notaire n'est pas loin.

LES DIVERS MOUVEMENTS SOCIAUX

Je place ici un survol cavalier de la réforme scolaire. Pour ce faire, il faut décrire sommairement le système scolaire d'avant la réforme.

Le système avant la réforme

Comment caractériser le système scolaire que la Révolution tranquille a voulu moderniser ? Il était incomplet, sous-financé, cloisonné, fragmenté, insularisé.

Il était *incomplet* en ceci que le niveau secondaire public n'était pas généralisé. Certes, il existait un bon nombre d'écoles qui offraient une 12e et même une 13e année d'études, mais cela ne touchait que quelques milliers d'élèves, principalement des garçons. En outre, il ne

---

1. Paul Valéry, *Propos sur l'intelligence, Œuvres*, t. 1, Gallimard, Pléiade, 1957.
2. *Histoire de l'éducation dans l'antiquité*, Seuil, 1958.
3. Alain, *Les passions et la sagesse*, Gallimard, Pléiade, 1960.

Écoliers à la bibliothèque scolaire, circa 1975, Archives de la
Commission scolaire de Montréal.

permettait pas l'entrée à l'Université, sauf dans quelques facultés, et
après une propédeutique. Enfin, là où les 12e ou 13e année d'études
étaient offertes, leur existence dépendait de la volonté du Département
de l'instruction publique ou des commissions scolaires locales.

Il était *sous-financé*, en ceci qu'une bonne partie de l'enseignement
postprimaire, secteurs public et privé confondus, était soutenue par
les communautés religieuses et le clergé : équipement, immeubles,
personnel. Cette situation historique masquait le sous-financement
de la part de l'État et, de toute façon, elle était sur le point d'éclater.

Il était *cloisonné*, en ceci que les différentes sections d'un même
réseau, et les différents réseaux entre eux, offraient des programmes
d'études étanches les uns vis-à-vis des autres.

Il était *fragmenté*, en ceci que les différents réseaux relevaient
d'autorités différentes (les facultés des Arts, pour le réseau des collèges
classiques) ; différents ministères, pour les réseaux publics.

Il était *insularisé*. Je distingue ce trait du cloisonnement dont je
parlais tout à l'heure. Par insularisation, je veux dire que les structures
administratives du système scolaire n'étaient pas ouvertes à l'ensemble
de la société. Le Surintendant du Département de l'instruction publique
n'était pas un élu ; les deux Comités confessionnels du Conseil fonc-
tionnaient séparément ; le réseau privé relevait de trois facultés des Arts
indépendantes l'une de l'autre ; les écoles d'État relevaient de différents
ministères ; les commissions scolaires s'ignoraient les unes les autres.

Avec la réforme scolaire, on a mis sur pied des dizaines de comités de toutes sortes et de tous mandats. Il serait impossible de compter les milliers d'heures/personnes de toutes catégories, mobilisées pour la planification, l'implantation, la coordination de la mise en place de la réforme. Je ne crois pas qu'il y ait beaucoup de sociétés qui ont investi et soutenu autant d'énergie dans une telle aventure. La taille de notre société le permettait. Mais surtout, cette très vieille idée que l'éducation était depuis toujours un levier de développement que nous pouvions maîtriser.

La modernisation sur le plan politique

Sur le plan politique, la réforme scolaire, pour l'essentiel, a consisté dans la création du ministère de l'Éducation, c'est-à-dire la reconnaissance, par l'État, de sa responsabilité globale en éducation. Autrement dit, il fallait compléter le système, asseoir son financement sur une base rationnelle, le placer sous une autorité unique.

Ici, on touche un **point de rupture**, un changement daté et aussi un **progrès** incontestable. On est donc ici en présence d'une modernisation selon les deux acceptions principales de ce mot.

La modernisation de l'organisation scolaire

Sur les plans de l'organisation scolaire et de la pédagogie, la réforme scolaire a pris la forme de l'accessibilité financière et géographique, d'une part ; d'autre part, elle a pris la forme d'un nouvel humanisme : l'humanisme pluraliste qui s'est concrétisé dans la polyvalence et les écoles du même nom[4].

L'accessibilité financière a été présentée et perçue comme synonyme de gratuité. On voit mieux aujourd'hui que rien n'est gratuit. Je préfère parler d'investissement. Et puisque je dois juger de la modernisation du système éducatif, je dis que l'accessibilité financière a été et demeure réelle, et que c'est un progrès. Si, par génération, on entend une période de vingt ans, je suis en mesure de dire que ma génération et celle qui a suivi (ce qui nous porte exactement en 1967, l'année de la création des cégeps) n'ont pas connu l'accessibilité financière.

L'accessibilité géographique existait avant la réforme scolaire au niveau primaire. À ce niveau, elle était pratiquement totale. Au niveau secondaire (qui n'a eu une existence légale qu'à partir de 1956), elle

---

4. *Rapport de la Commission royale d'enquête sur l'enseignement*, t. 2, n° 18.

était loin (c'est le cas de le dire, puisque l'on parle de géographie) d'être réalisée.

La mise sur pied des Commissions scolaires régionales, la création des cégeps et celle de l'Université du Québec ont complété et couronné le système scolaire ainsi que son accessibilité financière et géographique.

En ce qui touche la formation des maîtres, la décision de la situer au niveau universitaire allait de soi et ne faisait que consacrer et généraliser la situation existante. On aurait dû, cependant, conserver l'institution même de l'École normale au lieu de remettre la formation des maîtres aux facultés des Sciences de l'éducation.

La modernisation pédagogique

La modernisation pédagogique s'est inspirée de l'humanisme pluraliste préconisé par le Rapport Parent. En langage familier : la polyvalence et les écoles du même nom. Il est incontestable que le Rapport Parent a été conçu en **réaction**. Réaction contre l'omniprésence de l'Église ; réaction contre les humanités classiques.

Sur le plan idéologique, la polyvalence voulait prendre en compte l'humanisme scientifique et technique, par opposition à l'humanisme classique.

Sur le plan de l'organisation scolaire, la polyvalence entraînait le ramassage scolaire et la construction d'écoles de grandes dimensions.

Sur le plan sociologique, la polyvalence visait le brassage des classes sociales.

Sur le plan des programmes d'études, la polyvalence amenait les programmes à options, la promotion par matière, les réorientations multiples.

Dans l'ordre commercial et industriel, une modernisation ne se fait pas *contre* la situation ou l'organisation antérieures. Quand on modernise une organisation agricole, une usine ou simplement une salle à manger, on n'est pas en réaction *contre* telle ou telle méthode, tel ou tel équipement ; on remplace par des méthodes ou des équipements plus efficaces. Dans l'ordre sociopolitique et socioculturel, la volonté de moderniser prend racine dans la dénonciation de l'état de choses existant. La modernisation du système éducatif n'a pas échappé à cette règle.

La volonté de rendre l'école accessible et polyvalente a entraîné deux conséquences : le ramassage scolaire et le gigantisme des écoles secondaires. Ce sont là deux conséquences négatives de la modernisation du système éducatif. Je ne dis rien de l'architecture scolaire. Les erreurs et les horreurs commises à ce sujet n'ont rien à voir avec la volonté de modernisation.

Il faut avoir à l'esprit que la réforme scolaire entreprise au Québec se situe dans l'énorme brassage moral et culturel des années 1960. Pendant que nous entreprenions notre rattrapage, nous avons été rejoints par la houle immense qui secouait l'Occident.

La prise en charge de l'éducation par l'État s'est accompagnée d'une volonté de centralisation qui a conduit au « monopole public de l'éducation », pour reprendre le titre d'un ouvrage de Jean-Luc Migué et Richard Marceau[5].

La prise en charge par l'État a conduit également à « l'État péda-gogue ».

Fallait-il comprendre la modernisation comme un processus continu qui couvrirait les trois dernières décennies ? Ou bien comme un phéno-mène limité dans le temps, coïncidant, à toutes fins observables, avec la décennie 1960 ? En un sens large, la modernisation, quel que soit son champ d'application, est un processus continu. En rétrospective, on peut reconnaître et découper des périodes plus intenses. Au Québec, la décennie 1960 a été une période incontestable de modernisation ; cette découpure n'est pas arbitraire. Il y a eu rupture dans l'évolution. L'expression Révolution tranquille s'est révélée bien autre chose qu'un slogan électoral. Le changement a été radical et soudain, qui sont deux des trois traits de toute révolution, le troisième étant la violence.

L'idée de modernisation connote aussi l'idée de progrès. Y a-t-il eu progrès ? Je réponds d'abord ceci, parlant pour moi-même, donnant mon propre sentiment, comme dit si bien l'expression française : « Voici mon sentiment là-dessus ». C'est-à-dire : non pas mon émotion, mon jugement abstrait, mais le fond de ma pensée. Voici donc mon sentiment : je ne retournerais pas en 1960. Ni en religion, ni en politique, ni en école, ni même en âge. Pas nostalgique pour cinq cennes. Selon une remarque du Père Carré, je dis que le temps présent est justement un présent, un don[6].

---

5. *Le monopole public de l'éducation*, préface de Jean-Paul Desbiens, 1989.
6. Ambroise-Marie Carré, *Vient le temps de chanter*, journal des années 1991-1993, Cerf, 1994. Notons que le Père Carré est octogénaire.

Si l'on comprend modernisation comme identique à progrès technique, on doit donc dire qu'elle se poursuit sans cesse. Mais les mots moderne et modernisation veulent aussi dire : qui tient compte de l'évolution récente. En ce sens, faut-il remettre en cause ou redéfinir le rôle de l'État et de sa fonction publique en regard de celui qu'on leur a attribué ces derniers trente ans ?

Y a-t-il eu modernisation de la pédagogie ? Je réponds oui, en ce sens qu'il y a eu adoption rapide et massive des instruments que la technologie rendait disponibles. Adoption également des méthodes et des courants de pensée pédagogiques contemporains, principalement américains. Cette forme de modernisation n'a pas constitué un progrès. Le niveau des apprentissages s'est dégradé dans bon nombre de disciplines : français, anglais, histoire, géographie.

Le niveau de l'éducation (au sens de bienséance, distinction, politesse, savoir-vivre, respect des lieux et de l'équipement) s'est dégradé, lui aussi. L'absence d'évaluation et de sanction (je parle de sanction pédagogique) a déresponsabilisé les élèves.

J'ai dit plus haut que la création du ministère de l'Éducation et, plus généralement, la prise en charge par l'État de sa responsabilité globale sont un acquis positif de la modernisation du système éducatif. Mais ce changement s'est accompagné d'une omniprésence de l'État, d'une volonté centralisatrice en expansion constante. Au lieu de se dégager progressivement, au fur et à mesure que ses partenaires développaient leur capacité propre, l'État a resserré son emprise, multiplié les normes et les contrôles.

Parallèlement, les centrales syndicales ont cherché à étendre leur emprise et à s'emparer du pouvoir sur la pédagogie elle-même. Elles ont encarcané la pédagogie dans la prison des conventions collectives.

Les facultés des Sciences de l'éducation ont imposé leur jargon et leur protocole de recherche.

Quand on vient au monde, on possède déjà un patrimoine génétique dont on ne connaît rien, mais qui nous détermine. Viendra le moment où il faudra le corriger, le confirmer et l'aliéner en partie. Ce travail sera précisément l'affaire de l'éducation familiale. L'école continuera ce travail.

En venant au monde, nous entrons aussi en possession d'un patrimoine social et culturel que nous ne remettons pas en question. Ce n'est guère avant l'adolescence que l'on commence à exercer certains choix dans l'ensemble des biens dont on a hérité. Encore que l'on peut se révolter très tôt, même si la famille et l'école compriment les manifestations de cette révolte. Mais alors, ce n'est que partie remise : si la compression a été trop forte, le faible demeurera écrasé, et le fort brisera ses oppresseurs. Celui qui n'est pas considéré, il tue ou il se tue.

Quand est-ce que l'on peut et que l'on doit contester son patrimoine. Pourquoi faut-il s'occuper de la sauvegarde du patrimoine ?

Le mot « repère » se cache dans le mot « patrimoine », et « repère » veut dire ré-appatrier, ramener à la patrie, ramener au père. Si la terre entière est notre patrie, c'est trop large. On quitte l'échelle humaine. On quitte l'empan de la **vue** humaine. Êtes-vous capables d'évaluer une foule ? Si l'on vous dit 40 000 ou 20 000 manifestants, vous acceptez n'importe lequel de ces deux nombres.

Je continue mon exposé par mode de remarques détachées, au sens que l'on donnait, quand j'étais écolier, aux dictées en « phrases détachées ». C'était les plus vicieuses, car on n'était pas soutenu par une « histoire ». Je me souviens que l'une de ces dictées commençait ainsi : *Lévrier indolent qui aboie sans relâche*. Je n'avais jamais vu de lévrier, mais je pouvais induire que c'était une sorte de chien. Quant au « sans relâche », fallait-il un **S** à relâche ?

J'ai écrit plus haut « capitulation sans conditions » ; il fallait un **S**. Mais doit-on écrire « un bas sans défaut » avec ou sans **S** après « défaut ». Quant au mot « bas », il prend un **S** final, sinon, on pourrait penser au mot « bât », au sens où l'on dit : c'est là que le bât blesse.

Je vis dans une résidence de quelque 100 élèves de niveau collégial, garçons et filles. Si vous leur demandez s'ils sont pour l'écologie et le « développement durable », ils répondraient : *Sure, man* ! Or, samedi dernier, je voyais trois jeunes qui buvaient une bière à 200 pieds de mon bureau. J'en ai vu un qui pissait. Rien de grave. L'urine est biodégradable. Mais quand ils sont partis, ils ont laissé leurs bouteilles de bière sur le stationnement. Un employé de soutien les ramassera. J'en ai vu une à l'œuvre, l'autre matin. C'est une jeune femme. La veille, je l'avais observée. Je lui demande comment elle se sent. Elle me répond : « *Sont pas r'posants* ».

On parle de « post-modernité ». N'êtes-vous pas un peu fatigués d'entendre parler de post-modernité ? Moderne veut dire contemporain. Saint Thomas d'Aquin, mort en 1274, parlait des « modernes ». Les trois jeunes dont je viens de parler sont-ils post-modernes ? Ils ne sont même pas modernes. Ils sont à peine sortis des cavernes et des tavernes. Il est piquant de noter que les tavernes sont des lieux enfumés et peu éclairés. On n'y admettait pas les femmes jusque vers le début des années 1980. Voilà certes un progrès attribuable au féminisme. Idem pour les sacres. En circulant sur le campus Notre-Dame-de-Foy, j'entends des jeunes filles dire « tabarnacle ». Naguère, ce mot et quelques autres étaient réservés aux garçons.

Sauvegarde du patrimoine scolaire, donc. Je veux être concret ; je veux résoudre dans mon expérience. Si je revois *l'école* de mon enfance, je ne vois aucun patrimoine architectural à sauver. Si je me revois dans le *local* de classe où j'ai été trois années consécutives, je vois un crucifix, des chromos de la Vierge et du Sacré-Cœur, l'alphabet Palmer écrit sur un bandeau au-dessus du tableau, une carte géographique, trois ou quatre manuels scolaires. Je revois aussi un ou deux des maîtres que j'ai eus à l'époque.

Soixante ans plus tard, je me demande ce qu'il faut sauvegarder, et comment. Il faut sauvegarder *dans* des musées *par* des expositions itinérantes, des *objets* et des *écrits*. L'Église catholique, très tôt dans son histoire, a combattu l'hérésie des iconoclastes. L'Église catholique est incarnée.

Il faut dégager l'Esprit. Pensez à l'agonie et aux obsèques de Jean-Paul II. Pensez aux misérables commentaires publiés dans les journaux : « Papisme aigu », écrivait un chroniqueur du *Soleil*. Encore un « misogyne ». À quand l'avortement, l'euthanasie. À quand les femmes prêtres ?

Parler de patrimoine ou d'archives, c'est risquer de tomber dans deux pièges : la nostalgie ou le jeunisme.

La nostalgie, c'est le « mal du passé », le regret sentimental et glorifié du passé.

Quant à *l'utopie du jeunisme*, voyons d'abord que le mot « utopie » veut dire « un non-lieu », un lieu chimérique. Le jeunisme, c'est le gagne-pain des fabricants de crèmes de beauté, du *Botox* antirides. Janette Bertrand *for ever*. Aristote disait que le temps est « défaisant ». Le temps défait sans cesse. Dans Le *Figaro magazine* du 23 avril, je lis les propos suivants de Benoît XVI :

J'ai compris [c'est le cardinal Ratzinger qui parle de son effroi devant le relativisme grandissant issu de mai 68 dans toute l'Europe] qu'une certaine « contestation » émanant de certains théologistes est marquée par la mentalité typique de la bourgeoisie aisée de l'Occident. La réalité concrète de l'humble peuple de Dieu est bien différente de la représentation que l'on s'en fait dans certains laboratoires où l'on distille l'utopie.

Le patrimoine ne se réduit pas aux photographies des cadres de finissants dont je parlais au début. Il comprend aussi des écrits et des objets. Pour m'en tenir à ma communauté, je suis un des rares frères à posséder une vieille patène, comme celle que je promenais sous les mentons, du temps que j'étais servant de messe. Je possède aussi une vieille crécelle et un signal.

CONCLUSION

Pensez aux soins et aux disputes qu'il a fallu pour établir ce que l'on appelle le *Canon des Écritures*. « Canon » signifie règle. Le mot « chanoine » en dérive. Pensez surtout à « Droit canon ». Dans la foi catholique, l'acte suprême est une célébration de la mémoire. C'est l'Eucharistie, le *mémorial* par excellence.

Et voici que le tempo du temps s'accélère. Nous ne sommes plus dans une époque de « changement » ; nous sommes dans un moment de « mutation ». Or, il y a plus qu'un changement entre la chenille et le papillon. Il y a mutation. Voilà bien pourquoi les États se dépêchent de rassembler les derniers survivants de la Première Guerre mondiale. La guerre est la condition même de la survivance de l'être doué d'une conscience. Écoutons Arnold Toynbee :

> L'Homme va-t-il assassiner Notre Mère la Terre ou va-t-il la libérer ? Il pourrait l'assassiner par l'abus d'une puissance technologique toujours croissante. Parallèlement, il pourrait la libérer en étouffant la cupidité agressive et suicidaire dont toutes les créatures vivantes, y compris l'Homme lui-même, paient le don de la vie fait par la Grande Mère. Telle est l'énigmatique question à laquelle l'Homme est maintenant confronté[7].

De cinq ans en cinq ans, les ordinateurs sont périmés. Le téléphone à roulette est devenu une pièce de collection. Et même à une époque pas si lointaine, me reportant à Chicoutimi, en 1958, je découvrais que mes élèves ignoraient ce que c'était que l'instrument aratoire qu'on appelait une herse. Et d'ailleurs, qui d'entre vous fait le lien entre « aratoire », « charrue » et « char » ?

---

7. Arnold Toynbee, *La grande aventure de l'humanité*, Payot, 1994.

Dans un passage récent de l'Évangile (8 mai), je lis les derniers paragraphes de saint Matthieu. Le rappel liturgique mentionne : *Certains eurent des doutes*. Jésus n'a pas l'air de s'en étonner. Il se contente de dire qu'il *sera avec nous tous les jours jusqu'à la fin du monde*.

Nous ne savons pas vraiment bien « comment » le monde a commencé. La théorie du Big Bang ne règle pas grand-chose. Par souci d'hygiène mentale, laissons de côté la question de *l'avant avant*. Y a-t-il un *après* ? Après la fin du cosmos, si vous êtes bien détachés de votre petit ego, qu'y a-t-il ?

En lisant certaines nécrologies publiées dans les journaux, j'éprouve une manière de pincement de cœur quand je vois que M. X est mort, à tel ou tel âge, et qu'il a demandé d'être incinéré sans aucune cérémonie religieuse. De tout temps, on a élevé des monuments (fût-ce simplement quelques pierres posées les unes sur les autres) en souvenir des morts. On n'a jamais creusé de trous.

Je termine par trois brèves remarques récapitulatives :

- Ce que nous avons appelé la Révolution tranquille est un événement datable. Cela ne veut pas dire qu'il s'est produit spontanément. Il avait été préparé souterrainement. Un immense travail de réflexion s'était effectué durant la décennie 1950. Pensons au journal *Le Devoir* ; à l'action syndicale des Gérard Picard et Jean Marchand ; à Cité Libre ; à l'Institut canadien des affaires publiques ; aux Commissions Perras, à Montréal, et Lafrenière, à Laval, en ce qui touchait la réorganisation du cours classique. Pensons surtout à la Commission d'enquête sur les problèmes constitutionnels, présidée par le juge Thomas Tremblay.

- En affaires humaines, l'image du « retour du balancier » est fallacieuse. Les « restaurations » (au sens où l'on parle de la Restauration monarchique en France) sont des leurres. Un retour mécanique « en arrière » n'est ni souhaitable ni d'ailleurs possible.

- Nous sommes à la veille de craquements dont les effets seront (commencent à être) autrement plus larges et profonds que ceux qui ont marqué la Révolution tranquille. Parmi les outils de développement dont la Révolution tranquille a doté le Québec, figurent au premier rang un État moderne et une administration publique à laquelle on reconnaît compétence, intégrité, loyauté.

Aujourd'hui, le discours mondial sur la crise des finances publiques met en exergue le thème de la réduction de la taille de l'État.

Le problème avec l'État, ce n'est pas d'abord sa taille, c'est son manque de courage politique, son assujettissement au court terme, son copinage avec les sondages. Démocratie au sonar.

En ce qui touche l'Éducation et son rapport avec l'emploi, il faut mettre résolument l'accent sur la formation générale, à tous les niveaux, et défoncer l'obsession selon laquelle le système scolaire doit assurer un emploi à tous les élèves dans le quart d'heure qui suit la fin de leurs études, peu importe leur niveau.

PARTIE I

La sauvegarde du patrimoine scolaire: pourquoi et comment?

Le livre des enfants: nouvel alphabet français: première partie.
Québec, Odule Bégin, 1862, 108 pages.
Couverture: A. Côté.
Site Internet Les Manuels scolaires québécois:
www.bibl.ulaval.ca/ress/manscol/

Une facette oubliée du patrimoine scolaire : le patrimoine imprimé

Paul Aubin

Dès que nous parlons de patrimoine, sous quelque forme qu'il se présente, nous pensons immédiatement à un enchaînement d'actions concrètes : faire la liste des biens visés, envisager les moyens de les conserver et en diffuser la connaissance dans un public dépassant les seuls initiés. Ainsi, lors de mon court séjour dans la fonction publique, plus précisément au ministère des Affaires culturelles, je relevais de la Direction générale du patrimoine ; affecté à l'Inventaire des biens culturels, j'étais responsable du Centre de documentation qui était complété par un programme d'édition. L'imprimé en tant que patrimoine scolaire relève d'une dynamique identique : connaître le stock, en assurer la conservation et en faciliter la connaissance et l'utilisation.

Volontairement j'escamoterai le plus important volet de ce type d'imprimé auquel on pense d'entrée de jeu : le manuel scolaire ; non que tout ait été dit et fait dans ce domaine, bien au contraire, et je suis bien placé pour le savoir. Ainsi, on ne connaît pratiquement rien des manuels utilisés dans l'enseignement technique, que ce soient les écoles relevant du gouvernement ou la pléthore des écoles

Nouvel alphabet pour les commençans [sic], orné de gravures : à l'usage des écoles élémentaires de cette province. Montréal, Ludger Duvernay, 1830, 48 p.
Site Internet Les Manuels scolaires québécois :
www.bibl.ulaval.ca/ress/manscol/

privées, pas plus que des cartes murales de toutes sortes qui servaient de complément, voire de substitut, aux manuels. Je vais plutôt tenter un bref tour d'horizon de toute la panoplie des imprimés qui, à une époque ou à une autre, ont tenté de définir notre politique éducative ou d'en assurer la mise en pratique, et, à l'occasion, ont combattu l'une et l'autre ; de même, je ferai une brève incursion vers tous ces textes qui, d'une façon ou d'une autre, ont apporté aux lecteurs un écho de la vie scolaire telle qu'elle se manifestait ou telle qu'elle était perçue ou telle qu'on aurait voulu qu'elle se déroule.

L'IMPRIMÉ GOUVERNEMENTAL

C'est aux différentes instances gouvernementales que nous devons la grande masse de ces écrits, à commencer par les programmes qui ont défini l'orientation que devait prendre l'enseignement. Grâce à nos collègues Michel Allard et Bernard Lefebvre, *Les programmes d'études catholiques francophones du Québec* ont été sauvés de l'oubli, tout au moins jusqu'en 1941. Tout important que soit cet instrument de travail, il n'en demeure pas moins qu'il faudrait le compléter par un travail similaire pour les anglo-catholiques – ils avaient leurs propres programmes comme celui de 1938, qui nous renseigne sur le temps dévolu à l'enseignement du français – et les protestants. Et que dire de la masse de guides de tout acabit que produit la machine gouvernementale du ministère de l'Éducation depuis une trentaine d'années.

Pour communiquer avec ses administrés du monde scolaire, le gouvernement utilise divers mediums dont les circulaires. On en retrouve des traces un peu partout : dans le *Journal de l'instruction publique* – ici le surintendant s'adresse aux maisons d'enseignement supérieur – ou dans la correspondance du Département de l'instruction publique, annexées à des lettres manuscrites comme celle relative à *Mon premier livre*.

Des revues servent d'organe officiel ou officieux au Département de l'instruction publique, comme le *Journal de l'instruction publique* de 1878, où on explique aux commissaires d'écoles le fonctionnement du dépôt livre. Documents officiels par définition, les rapports annuels du Département de l'instruction publique regorgent d'informations, encore faut-il les compiler de façon systématique et non seulement partielle en fonction de tel ou tel thème, tâche à laquelle ont commencé à travailler des étudiants du Centre interuniversitaire d'études québécoises (CIEQ) de l'université Laval. À partir de 1915, les *Statistiques de l'enseignement* complètent les rapports du surintendant ; la même année voit apparaître une nouvelle série de publications officielles non moins utile : *État financier des corporations scolaires.*

Les questionnaires d'examens des aspirants aux divers diplômes d'enseignement nous permettent de jauger le niveau de connaissances exigé chez les futurs professeurs, et donc le niveau intellectuel minimal qu'on devait rencontrer chez les formateurs de la jeunesse. Les *Règlements pour l'examen des candidats* de 1866, se limitent, quant à la connaissance du français, à des définitions ou à des nomenclatures ; de plus, ils jettent un éclairage sur l'âge accepté pour entrer dans la profession. Au tournant du siècle commence la tradition de fournir, après coup, les questions d'anciens examens avec les réponses, histoire de fournir des repères aux aspirants ; l'exemple fourni par Magnan nous montre qu'en plus de réponses techniques, l'aspirant doit faire preuve de sa capacité à résoudre les problèmes qu'il posera à ses futurs élèves. Le secteur anglophone fournit aussi son lot de questionnaires – comme ce *Catholic High School examinations*, qui nous permet d'évaluer quel niveau de connaissance du français était jugé essentiel dans les écoles secondaires.

Sauf en de rares occasions, le gouvernement ne s'est pas fait éditeur de manuels, ce qui ne l'a pas empêché de produire beaucoup de documents destinés directement aux étudiants de tout âge, à commencer par ces « cours par correspondance » qui n'ont pas fait jusqu'ici l'objet de la moindre étude ; pour les analyser, il faudrait en premier lieu les retracer et en établir la liste.

Tout au long de son existence, le Département de l'instruction publique a imprimé une pléthore de formulaires ; destinés aux fonctionnaires, aux commissaires, aux inspecteurs, aux professeurs, ils renferment, une fois complétés, une foule d'informations, et même vierges, ils nous renseignent sur les types d'information auxquels les dirigeants attachaient de l'importance ; à cet égard, le *Journal d'appel* demeure l'un des plus importants exemples : il semble qu'on se préoccupait du bien-être des enfants car le professeur devait noter quotidiennement la température de la classe.

Les expositions se présentent comme des occasions en or pour manifester les réalisations du gouvernement du Québec en matière d'éducation mais elles ont aussi l'avantage de lever le voile sur des aspects méconnus : à l'Exposition universelle de Paris en 1878, on vante les mérites de pupitres fabriqués... en Ontario alors qu'à l'exposition du Canada à Montréal en 1880, dans un catalogue rédigé par l'abbé Verreau, on donne la liste des exhibits relatifs aux écoles protestantes.

Les grandes commissions scolaires, comme celle de Montréal, ont publié un grand nombre de textes à saveur administrative qui souvent comblent les lacunes des archives, comme la série *High school of Montreal, under the direction of the protestant board of school commissioners* de la décennie 1880. Et il ne faut pas oublier toutes les publications gouvernementales issues de d'autres ministères et qui nous renseignent sur différents aspects du monde qui relèvent de leur juridiction ; à titre d'exemple, les *Statistiques des établissements pénitentiaires* contiennent des données précises sur l'enseignement aux délinquants.

L'IMPRIMÉ PROFESSIONNEL

Si les administrateurs publient – et comment ! – que dire des administrés, particulièrement en pédagogie. Plus de cinquante revues destinées aux professeurs, à commencer par *The gazette of education, and friend of man* avec ses deux numéros en 1830, ont tenté d'aider le professeur dans sa tâche ; ils fourmillent de textes sur les théories pédagogiques en vogue, ainsi que sur la lecture dans le *Journal de l'instruction publique* en 1877. À l'occasion, ces périodiques, comme *L'enseignement primaire*, illustrent le mobilier en usage. Il faudrait faire une incursion du côté des communautés religieuses œuvrant dans l'enseignement ; non seulement ont-elles été fortement impliquées dans l'édition des manuels, mais elles ont produit beaucoup de revues, souvent pour consommation interne, où on trouve beaucoup d'information sur le monde scolaire dans lequel elles œuvraient.

Avant la création des actuelles facultés des sciences de l'éducation, deux écoles de calibre universitaire ont offert une formation plus avancée que les écoles normales ; en plus de dispenser des cours, elles ont publié les résultats de leurs recherches, comme l'Institut pédagogique Saint-Georges affilié à l'université de Montréal, avec ses quatorze bulletins parus entre 1939 et 1962 qui nous renseignent sur la situation de la recherche de pointe en pédagogie durant trois décennies, comme ce mémoire de 1962 sur la *Conception de l'inspection scolaire*. Il faudrait aussi retracer les publications de professeurs qui, comme Jules Cantin, sont allés soutenir des thèses de doctorat en pédagogie en Europe, notamment Louvain en Belgique ou Fribourg en Suisse, et qui les ont publiées au Québec, souvent à compte d'auteur ; on y trouvera des indices clairs de l'influence de la pédagogie européenne au Québec.

Si les professeurs écrivent sur la pédagogie, d'autres se mêlent de leur dire comment faire, comme dans ces conférences sur la pédagogie dont bien souvent les journaux sont les seuls à nous livrer le contenu. Ainsi, *La patrie* du 20 août 1901 reproduit les discours du surintendant et de l'évêque de Montréal devant « 400 institutrices de Montréal et des environs ».

J'ai dit que j'escamotais volontairement les manuels scolaires issus en grande partie du milieu professoral. Un mot seulement sur un type d'imprimé qui les accompagnait et dont les auteurs étaient des professeurs: les questionnaires. Dans son *Manuel du baccalauréat* destiné à préparer l'examen d'admission à l'université, Leblond de Brumath nous renseigne, indirectement, sur la somme des connaissances que les étudiants devaient normalement avoir ingurgitées à ce stade de leur formation: c'est tout simplement effarant! Laurent Guay, ancien instituteur, en arrive même à créer une maison d'édition qui se spécialise dans ce type d'imprimé.

Si les questionnaires – que ce soit pour préparer aux examens ou pour rappeler ceux déjà utilisés – ne sont pas l'apanage du gouvernement, il en va de même des programmes. Des corps constitués comme les Frères des Écoles chrétiennes publient leurs propres répartitions des matières à enseigner poussant le souci – pédagogique uniquement bien sûr – jusqu'à suggérer les pages des manuels qui correspondent à la tranche du mois; inutile de dire à quels textes se réfère la communauté, qui est aussi un des principaux éditeurs de manuels scolaires.

L'IMPRIMÉ PROMOTIONNEL

Promotion économique. Des particuliers, ou des groupes, impriment et expédient des circulaires pour différentes raisons, comme les Frères de l'Instruction chrétienne pour mousser l'approbation de leur manuel de littérature. L'école n'échappe pas à la propagande commerciale comme en témoigne ce prospectus de Nelson d'Edimbourg vantant l'un de ses livres destinés aux anglophones québécois. Des éditeurs publient leurs catalogues d'imprimés destinés aux écoles, que ce soit Lovell ou les Clercs de Saint-Viateur. Des auteurs assurent la promotion de leurs produits ce qui nous permet, comme dans le cas de Lippens, d'avoir une idée de ses tableaux de toisé dont il ne semble pas avoir survécu un seul exemplaire. Autre source imprimée d'information: le papier à lettre de certaines compagnies, à preuve celui de l'éditeur Denis Perrault qui nous renseigne sur l'enseignement de la sténographie.

Outils promotionnels par excellence que ces albums de fin d'année publiés par les grandes institutions et qui nous renseignent sur la vie parascolaire de l'école: le *Voilier* de l'Académie de Québec rappelle, en

1944, que les élèves ne sont pas coupés de la réalité, même triste, du monde extérieur : on leur demande de participer à l'effort de guerre. En plus de ces fastueux albums de fin d'année, ces mêmes grandes institutions publient souvent leurs propres revues – comme le *MSL* pour le Mont-Saint-Louis de 1930 à 1957 – qui témoignent de la vie interne des grandes écoles. Enfin, participent aux mêmes campagnes de publicité et offrent le même genre d'informations ces albums soulignant les anniversaires de tout genre d'une école ou d'une commission scolaire. On gagnerait à passer au crible les annuaires des collèges classiques et des écoles normales qui ont eu la bonne idée de les publier car ils sont une source incontournable sur l'univers pédagogique de ces institutions.

Promotion idéologique. La définition de l'école québécoise a suscité de nombreuses prises de position qui se sont souvent traduites dans des essais comme celui de Napoléon Legendre sur *Nos écoles*. Ailleurs, l'imprimé nous offre des échos de luttes, parfois épiques, entre individus ou groupes qui ne voyaient pas le bien avec la même lorgnette, comme ces divergences, c'est le moins qu'on puisse dire, entre Tardivel et Magnan qui s'étendent sur 110 pages de texte serré[1]. Sans être aussi flamboyants, les échanges de vue dans les quotidiens pouvaient parfois s'étendre sur plusieurs semaines, comme dans *Le populaire* de 1838.

Les membres des élites autres que celles directement chargées de la chose scolaire ne se privent pas pour intervenir dans le débat, depuis les mandements et circulaires des évêques, comme celui de Joliette rappelant que l'intérêt des Québécois englobe les écoles des minorités francophones hors du Québec, jusqu'aux politiciens qui font publier leurs discours qui ont souvent l'avantage de nous donner des points de vue opposés, comme ceux du libéral Turgeon et du conservateur Chapais prononcés à deux mois d'intervalle.

Il ne faudrait pas oublier les rares témoignages sur l'école, même quand ils sont teintés de mélancolie, comme celui de l'abbé Lapalme qui s'offre *Un pèlerinage à l'école de rang*. Mais il ne faudrait surtout pas escamoter les écrits des grands commis de l'État occupant des postes clés dans le monde scolaire, tels Jean-Baptiste Meilleur, P.-J.-O. Chauveau, C.-J. Magnan, George William Parmelee ou Paul de Cazes, qu'il s'agisse de souvenirs ou de publications qui, compte tenu du poste qu'occupaient leurs auteurs, deviennent, à toutes fins utiles, des documents officiels.

---

1. Magnan, C.-J. *L'analyse grammaticale et l'analyse logique aux brevets de capacité à l'École Normale et à l'École Primaire Intermédiaire et Supérieure.* Québec, Langlais, c1907. 164 p. Il n'est pas inutile de rappeler que les réponses fournies sont celles d'un pédagogue chevronné qui pouvaient différer notablement de celles formulées par les apprentis au métier d'enseignant.

L'IMPRIMÉ DE FORMAT BIZARRE ET L'IMPRIMÉ NON IMPRIMÉ

Il y a urgence à retracer tous ces imprimés de grand format ou de format bizarre qui appuyaient l'instituteur dans sa tâche. Je pense en premier lieu à toutes ces cartes ou tableaux à afficher au mur de l'école et dont notre premier pédagogue, Joseph-François Perrault faisait état à propos de l'enseignement de la lecture dès 1822[2]. Ainsi, où pourrait-on retrouver cette « Carte de la Nouvelle-France » en vente en 1877 ? En 1909, on peut se procurer chez les Clercs de Saint-Viateur des « jeux de cartes pour l'enseignement de l'histoire du Canada, l'histoire sainte et la géographie » dont il ne subsiste rien mis à part cette mention dans la correspondance du Département de l'instruction publique. Peut-on espérer retracer des exemplaires de ces outils comme ce spectaculaire *Loverin's historical centograph* qu'on présente aux professeurs francophones dans le *Journal de l'instruction publique* ?

En marge de l'imprimé à grand tirage, il importe de retracer ces publications maison de professeurs qui complétaient le manuel officiel ou le palliaient en certaines occasions : imprimés à la gélatine, comme ces « Exercices d'arithmétique par le Frère Eugène » en 1933, suivis d'imprimés sur gestetner avant l'arrivée des « machines à alcool » des années 1950.

À ne pas oublier non plus, tout l'appareillage technique qui fait son apparition au XXe siècle et qui est utilisé non comme succédané mais comme complément essentiel du manuel scolaire. En 1913, les représentants montréalais d'une firme américaine envoient au surintendant un catalogue de « gramophones » pour l'enseignement de la musique en rappelant que l'utilisation de cet outil « commence à se généraliser sur le continent ». Vingt ans plus tard, ces mêmes

---

2. Perrault, Joseph-François. *Cours d'éducation élémentaire, à l'usage de l'école gratuite, établie dans la cité de Québec en 1821.* Québec, Nouvelle imprimerie, 1822. xiii, 163 p.

« Pour éviter la dépense de l'achat des A.B.C. et autres livres, il sera imprimé sur des cartons, en gros caractères, quelques A.B.C. ; sur d'autres, des mots d'une syllabe, quelques-uns de deux syllabes ; d'autres de trois, quatre, cinq et six syllabes ; quelques cartons contiendront des mots entiers ; d'autres des phrases, des sentences, et quelques-uns des leçons entières, des chiffres, des tables d'Arithmétique et des règles. [...] Ces cartons seront exposés aux yeux des écoliers de chaque Classe respective pour être lus, relus et écrits par chaque Classe sans déplacement. » (p. 4).

« Pour se dispenser d'acheter du Papier, de l'Encre et des Plumes pour les écoliers, il sera fait une tablette devant les premiers bancs, avec un rebord pour contenir du sable blanc, sur un fonds [sic] peint en noir, pour les commençans écrire [sic] avec leurs doigts ou poinçons de bois les lettres, mots et chiffres qui leur seront montrées, et il sera pourvu des Ardoises pour ceux qui seront plus avancés. » (p. 5)

gramophones sont à ce point utilisés chez nous dans l'enseignement des langues secondes qu'ils suscitent la production de documents d'accompagnement dans laquelle se spécialise au moins une maison d'édition. En 1914, la *London slides manufacture* envoie au surintendant un catalogue de « Lantern slides ». Vers la même date, les « machines à écrire » font leur apparition dans l'enseignement : en 1919 l'association de sténographie et dactylographie de Paris offre au surintendant un tableau « qui reproduit un clavier universel ».

Des technologies nouvelles remplacent les anciennes, non sans causer de sérieux problèmes aux historiens, sinon actuels tout au moins futurs ; ainsi, depuis le printemps 2000, le ministère de l'Éducation du Québec n'imprime plus de listes des manuels approuvés, se contentant de diffuser l'information sur son site, avec l'inconvénient que les mises à jour effacent les anciennes données.

Trois qualificatifs pourraient résumer le patrimoine imprimé du monde scolaire : immense, multiple, disséminé. En conséquence, il nous faut une politique de conservation, d'identification et de localisation.

De conservation d'abord car déjà des imprimés sont sinon perdus irrémédiablement tout au moins introuvables : ainsi, à partir de l'année académique 1912-1913, on signale dans la correspondance du Département de l'instruction publique une publication annuelle destinée aux professeurs anglo-protestants, « Memoranda of instructions to teachers » dont je n'ai pu retracer le moindre exemplaire. Sommes-nous équipés pour conserver les instruments pédagogiques en marge du manuel et qui occupent une part de plus en plus grande de la production, comme ces cassettes pour l'enseignement de l'anglais langue seconde que le Centre éducatif et culturel mettait sur le marché en 2001 ?

Politique d'identification ensuite. Pouvons-nous envisager sérieusement la conservation d'un patrimoine que nous ne connaissons pas ? Quelqu'un peut-il me fournir la liste des centaines de programmes publiés par le ministère de l'Éducation depuis 1964 ? Avons-nous une liste de ces textes majeurs publiés dans les journaux ou les périodiques et qui, lors de leur parution, font état des discussions sur la chose scolaire ?

Politique de localisation enfin. Depuis 1967, la loi du dépôt légal oblige tous les éditeurs à déposer deux exemplaires de leurs publications à la Bibliothèque nationale. Fort bien. Mais à quoi sert-il de conserver des documents si on ne peut les retrouver dans un délai raisonnable ? Et encore les imprimés d'avant 1967 sont-ils souvent dispersés dans des lieux de conservation où on ne pense pas toujours aller : les programmes en anglais dont j'ai fait état au début de cette communication sont intégrés dans un fonds d'archives manuscrites aux Archives nationales du Québec et ne sont recensés dans les catalogues d'aucune des grandes bibliothèques.

Si les historiens que nous sommes ont très peu de pouvoirs pour influer sur les politiques de conservation, par contre nous pouvons agir dans les secteurs de l'identification et de la localisation. Ne pourrait-on pas envisager un méga projet sur l'identification et la localisation du patrimoine imprimé relatif au monde scolaire ? Pourquoi ne pas intéresser à la chose des organismes comme le Musée de l'Éducation du Québec en gestation ou le CIEQ dans le cadre de son projet sur l'Atlas de l'histoire de l'éducation au Québec ?

Références

Allard, Michel et Bernard Lefebvre. Les programmes d'études catholiques francophones du Québec – Des origines à aujourd'hui. Montréal, Logiques, c1998. 708 p.

Programme of studies for the primary elementary and primery intermediate schools. S.l., Province of Quebec, 1838.

« Circulaire à Messieurs les directeurs des Séminaires, Colléges [sic] et autres maisons d'éducation supérieure », Journal de l'instruction publique, 21, 5-6 (mai et juin 1877) :80.

Règlement pour l'examen des candidats au brevet ou diplôme d'instituteur dans le Bas-Canada. 2e éd. Montréal, Senécal, 1866. 86 p.

Catholic hish school examinations – Examination papeers – June, August 1960. Province of Quebec, s.n., 1960. 224 p.

Exposition scolaire de la province de Québec – Canada – Exposition universelle de Paris, 1878 – Catalogue. Québec, Département de l'instruction publique, 1878.

Exposition scolaire de la province de Québec – Exposition du Canada, Montréal, 1880 – Catalogue. Montréal, Laplante, 1880. 68, 16 p.

« De la lecture à haute voix », Journal de l'instruction publique, 21, 5-6 (mai et juin 1877) :88-89.

Tousignant, Robert. Conception actuelle de l'inspection scolaire. « Bulletin n⁰ 14 de l'Institut pédagogique Saint-Georges ». Montréal, s.n., 1962.

Cantin, Jules. L'apprentissage du vocabulaire et de l'orthographe – Un sondage pour mesurer l'efficacité de dix ans d'enseignement d'un vocabulaire au niveau élémentaire. Joliette, Imprimerie Saint-Viateur, 1978. 275 p.

Leblond de Brumath, A. Manuel du baccalauréat ou Programmes et résumés des principales matières exigées pour les différents examens dans la province de Québec – Partie littéraire. Montréal, Cadieux & Derome, 1899. 363 p.

Programmes détaillés mensuels pour l'enseignement dans les établissements des frères des écoles chrétiennes, Canada. Québec, Elzéar Vincent, 1878. [72] p.

Le Voilier, (Québec, Académie de Québec, 1944) : 145.

Legendre, Napoléon. Nos écoles. Québec, C. Darveau, 1890. 95 p.

Polémique à propos d'enseignement entre M. J.-P. Tardivel directeur de « La vérité » et M. C.-J. Magnan, professeur à l'école normale Laval et rédacteur à « L'enseignement primaire », Québec, Demers, 1894. 110 p.

Discours de l'honorable Adélard Turgeon sur la loi de l'éducation – Séance du 19 janvier 1899, de l'assemblée législative de Québec. Québec, Le Soleil, 1899.

Discours sur la loi de l'instruction publique prononcé par l'honorable M. Chapais devant le conseil législatif, les 2 et 3 mars 1899. Québec, Demers, 1899.

Lapalme, Auguste. Un pèlerinage à l'école de rang. S.l., Librairie d'action canadienne-française, 1938. 229 p.

« Carte de la Nouvelle-France pour servir à l'étude de l'histoire du Canada », Journal de l'instruction publique, 21, 4 (avril 1877) :64.

Paul Aubin et Michel Simard, Les manuels scolaires dans la correspondance du Département de l'instruction publique 1900-1920 : inventaire. Coll. « Cahiers du GRELQ, n° 9 ». Sherbrooke, Éditions Ex Libris, 2005, p. 426, entrée n° 1207.

Loverin's historical centograph and slate, and a description of the chart of time (Zaba's method) with key. Montréal, Bentley, 1876.

« Méthode de M.Zaba pour étudier l'histoire », Journal de l'instruction publique, 19, 1(janvier 1875) :14-15.

Paul Aubin et Michel Simard, Les manuels scolaires dans la correspondance du Département de l'instruction publique 1900-1920 : inventaire. Coll. « Cahiers du GRELQ, no 9 ». Sherbrooke, Éditions Ex Libris, 2005, p. 577, entrée n° 1754.

Patenaude, A.W. French made easyo through the medium of the gramophone – elementary course. Montréal, Institute of modern languages, circa 1933, 30 p.

Paul Aubin et Michel Simard, Les manuels scolaires dans la correspondance du Département de l'instruction publique 1900-1920: inventaire. Coll. «Cahiers du GRELQ, n° 9». Sherbrooke, Éditions Ex Libris, 2005, p. 745, entrée n 2265.

Paul Aubin et Michel Simard, Les manuels scolaires dans la correspondance du Département de l'instruction publique 1900-1920: inventaire. Coll. «Cahiers du GRELQ, n° 9». Sherbrooke, Éditions Ex Libris, 2005, p. 1236, entrée n° 3248.

Paul Aubin et Michel Simard, Les manuels scolaires dans la correspondance du Département de l'instruction publique 1900-1920: inventaire. Coll. «Cahiers du GRELQ, n° 9». Sherbrooke, Éditions Ex Libris, 2005, p. 580, entrée n° 1263.

Bolduc, Iolanda et Jean Sasso. The new clues to english as a second language. Montréal, CEC, c2001, 3 cassettes.

L'éducation, un objet de musée

Yves Gaulupeau

Il existe, dans de nombreux pays, en quantité croissante depuis plus de vingt ans, des collections de patrimoine éducatif et des musées de l'éducation. Cet état de fait, pour banal qu'il puisse paraître (n'y a-t-il pas toutes sortes de musées ?) présente un caractère singulier. Instruire, éduquer sont en effet des processus essentiellement immatériels qu'on est davantage porté à concevoir comme des sujets de réflexion ou des objets d'étude que sous la forme d'objets de musée. Par quels cheminements, en vertu de quels choix, de quelles logiques, cette variété nouvelle et quelque peu paradoxale de musées s'est-elle donc développée ? Question qui en appelle une autre, plus radicale : en quoi consiste la légitimité culturelle et intellectuelle des musées de l'éducation ?

L'ÉMERGENCE D'UN PATRIMOINE

À l'heure actuelle, il est matériellement impossible de dresser une liste et *a fortiori* d'établir une typologie précise des collections de patrimoine éducatif qui sont à un titre ou à un autre accessibles au public européen. Dans la plupart des pays concernés, il s'agit d'un secteur trop hétérogène, trop peu structuré, pour permettre d'emblée ce type de comptage et de classification.

Pour s'en tenir à l'exemple français, sur ce point assez généralisable, touristes et curieux sont à même de rencontrer des collections de matériel scolaire dans des contextes très variés. Ici, quelques objets, voire une salle toute entière, parmi les collections d'arts et traditions populaires d'un musée de pays, là une classe reconstituée, dans son école rurale, qu'il a suffi parfois de maintenir en l'état. Ailleurs encore on trouvera, à côté de la salle de classe, des annexes qui en développent et en explicitent le propos par d'autres présentations permanentes ou temporaires et par des publications ; quelquefois, enfin, un lieu de documentation est disponible. Au total, pour la France, on aboutit à près de quatre-vingts sites.

Ces collections, dans leur quasi-totalité, ont commencé de se constituer au cours des années 1970 et 1980, en une période où les institutions scolaires étaient affectées par de profonds changements de leur cadre matériel et de leurs pratiques pédagogiques. En France, par exemple, ces années ont marqué la fin d'un âge ou mieux d'une *forme scolaire* qui avait conservé depuis près d'un siècle une relative stabilité. Tout alors contribue à faire basculer ce cadre familier, assez ancien pour paraître immuable, dans un passé irrémédiable : l'extension de la scolarité, la marche rapide vers le collège unique, l'évolution de la formation des maîtres, l'exode rural, mais aussi la diffusion de nouveaux standards qui affectent aussi bien l'architecture et le mobilier que les simples objets de la vie quotidienne.

Les opérations de sauvegarde patrimoniale sont alors le fait d'initiatives individuelles, que l'Institution tolère sans les susciter ni les encourager. Quelles que soient les motivations particulières de ces premiers rassembleurs d'objets, le réflexe patrimonial est alors déterminant. Il est vrai que la destruction des vestiges matériels de l'école « traditionnelle », au nom de la rénovation, intervient alors, dans l'indifférence générale, avec une rapidité remarquable.

De ce sauvetage résulte une accumulation primitive dont le musée constitue, souvent en cours de route, l'horizon logique.

LES COLLECTIONS DU MUSÉE NATIONAL DE L'ÉDUCATION

Les collections du Musée national de l'Éducation de France ont naturellement partie liée avec ce processus de « muséalisation du patrimoine éducatif ». Mais elles tirent par ailleurs de leur histoire et de leur appartenance à une institution nationale des caractéristiques particulières.

Le Musée national de l'Éducation est en effet l'héritier lointain mais direct du *Musée Pédagogique* créé à Paris en 1879 par Jules Ferry. Les documents présentés par la France à l'Exposition universelle de 1878 en constituent le point de départ. Pour autant, la fonction patrimoniale n'est pas alors prédominante. Dans l'esprit de son fondateur, le Musée pédagogique « est fait pour rendre à notre instruction primaire les mêmes services que rend à l'enseignement technique le Conservatoire des arts et métiers ».

Toutefois, comme au Centre National des Arts et Métiers (CNAM), la dimension rétrospective, historique et muséographique s'est fortement développée au fil des décennies, notamment à partir de 1945. Les Collections historiques du Musée pédagogique tendent alors à élargir leur propos à l'ensemble de la problématique de l'éducation, y compris dans sa dimension familiale. Elles s'enrichissent particulièrement en matière d'iconographie, de travaux d'élèves anciens, d'affiches et d'imprimés divers, de documents autographes et de jeux et jouets.

Parallèlement, dès le début des années 1970, dans ce contexte de sauvegarde patrimoniale évoqué précédemment, le Centre régional de documentation pédagogique de Rouen s'est attaché à rassembler d'importantes séries de livres scolaires et de pédagogie, de mobilier et de matériels d'enseignement, collectées dans diverses régions de France. Cette grande collecte, délibérément complémentaire des Collections historiques conservées à Paris, a pour objectif la constitution d'un lieu de ressources d'intérêt national. La convergence des deux fonds, par le transfert des Collections parisiennes sur le site de Rouen, intervient en 1980, donnant naissance au Musée national de l'Éducation (MNE), dans le cadre de l'Institut national de recherche pédagogique (INRP).

Constamment enrichies par des versements d'institutions ou de particuliers et des acquisitions rétrospectives, les collections du MNE comportent aujourd'hui des peintures, des estampes et de l'imagerie populaire (20 000 pièces), des archives photographiques (395 000 clichés), des documents liés à la pédagogie audiovisuelle : vues sur verre, films fixes, disques, films animés, etc. (220 000 items), une collection de livres scolaires, d'ouvrages de pédagogie et de littérature pour l'enfance et la jeunesse (150 000 volumes dont 40 000 périodiques), du matériel pédagogique et du mobilier scolaire (25 000 pièces), des travaux d'élèves (81 500), des jeux et des jouets (4 000) ainsi qu'un fonds de 7 000 « documents autographes » émanant d'institutions ou de personnages notoires.

À quoi servent les musées de l'éducation ?

Il n'est sans doute pas inutile que les musées de l'éducation, quelles que soient l'ampleur ou la diversité de leurs collections, s'interrogent sur le sens et l'intérêt de leur démarche patrimoniale. Contemporains, pour la plupart, de l'extension considérable – d'aucuns diront excessive – de la notion de patrimoine au cours des dernières décennies, il leur faut dire en quoi les objets et documents qu'ils conservent et mettent en valeur échappent à « l'impossible amoncellement de toutes les productions humaines » selon la formule de Jean-Michel Leniaud[1].

Une façon de répondre à cette question réside, à mon sens, dans la prise en compte simultanée de deux exigences quelquefois difficilement conciliables : la satisfaction du public et l'intérêt des chercheurs. Tel est d'ailleurs le cahier des charges du Musée national de l'Éducation, à qui a été donnée, dès sa création, la mission de constituer « un fonds particulièrement riche de documents et d'objets relatifs à l'histoire de l'éducation, dans la double perspective de l'ouverture au grand public et d'une exploitation rationnelle et fonctionnelle à des fins scientifiques ».

PROXIMITÉ DE LA RECHERCHE

On constate trop souvent que des initiateurs de projets patrimoniaux s'estiment peu ou pas du tout concernés par la recherche et la production scientifique dans un champ qui est pourtant le leur et dans lequel ils contribuent à dire l'histoire et quelquefois à l'écrire. Il en résulte souvent un discours à la fois spontané, stéréotypé et anecdotique qui s'appuie sur l'expérience commune, hors de toute contextualisation. Il importe donc de souligner le fait qu'en dépit de son apparente familiarité, le patrimoine éducatif renvoie à une discipline, l'histoire de l'éducation, dans la pluralité de ses approches : institutionnelle, culturelle, socio-historique ou ethno-historique.

L'affirmation de la légitimité scientifique de la muséographie scolaire ne peut durablement se concevoir sans que les praticiens de ce secteur aient une connaissance directe des problématiques et des savoirs élaborés par la recherche universitaire. Cela implique non seulement des liens de partenariat avec des équipes universitaires, mais aussi, dans les institutions qui disposent d'équipes scientifiques propres, que celles-ci renforcent leur expertise en se tenant informées de la production scientifique dans leur domaine, et en participant à des recherches en rapport avec les collections patrimoniales du musée.

De ce commerce plus intense entre responsables de collections et spécialistes universitaires, un bénéfice réciproque est à espérer. Les premiers y trouveront le plus sûr moyen de renforcer la pertinence de leur discours, en un domaine où les stéréotypes (négatifs aussi bien que positifs) sont singulièrement vivaces ; les seconds, souvent encore peu formés et donc peu portés à l'utilisation des objets et des

---

1. Jean-Michel Leniaud, *L'utopie française, essai sur le patrimoine*, Paris, Mengès, 1992, 181 p.

sources iconographiques, y découvriront de nouveaux gisements documentaires.

DES LIEUX DE RESSOURCES

Les musées de l'éducation constituent en effet ou sont susceptibles de constituer des lieux de ressources éminemment utiles à la recherche et à la formation. Ainsi, les collections les plus importantes offrent au chercheur la possibilité de croiser, en un même lieu, sur un même sujet, une grande variété de sources et d'approches. Un travail sur la leçon de choses, par exemple, pourra mobiliser des textes officiels, des documents liés à la formation initiale ou continue des enseignants (depuis les cahiers de normaliens jusqu'aux conférences cantonales), des manuels scolaires, des cahiers ou des copies d'élèves, des planches murales, du matériel d'enseignement, des produits audiovisuels, des documents photographiques (photo-reportages scolaires) ainsi que des images et des livres pour l'enfance et la jeunesse, ou encore des « jeux éducatifs ».

Tout cela suppose, en amont, un travail d'expertise, d'inventaire et de numérisation, dont il ne faut pas sous-estimer l'ampleur. Ce travail d'établissement et de mise en forme des données est fondamental, au moins à deux titres. D'une part, il conditionne le service rendu aux chercheurs, sur place et, pour un nombre croissant de documents, à distance. D'autre part, le partage des bases de données permet d'envisager l'élaboration de catalogues collectifs à partir d'un fonctionnement en réseau. D'ores et déjà, en France, plusieurs musées de l'éducation, parmi les plus richement dotés, ont adopté la base-inventaire du Musée national. Il y a là incontestablement l'amorce d'un mode de fonctionnement qui pourrait demain se concevoir dans le cadre de l'espace européen d'éducation.

DES LIEUX D'EXPOSITION

Les musées de l'éducation, enfin, sont des lieux qui présentent des expositions à des visiteurs. Indépendamment de tous les autres moyens de valoriser les collections (publications illustrées, productions numériques), l'exposition reste au cœur de leur dispositif de médiatisation. Seule, elle offre à tout un chacun le contact direct avec des documents et des objets que les technologies nouvelles contribuent par ailleurs à dématérialiser sur nos écrans.

Destinée à un public large, plus large, en tout cas, que la cohorte des pratiquants réguliers de l'histoire de l'éducation, elle induit des rapports complexes entre chercheurs et concepteurs. Dans l'énoncé des principes, les points de consensus sont nombreux. Tous, du moins parmi ceux qui ont un avis sur la question, considèrent que l'exposition nécessite un discours construit, savamment élaboré, et qu'elle ne peut se satisfaire d'une mise en scène spontanée, tournée vers la reconstitution nostalgique.

Pourtant, récusée pour de bonnes raisons scientifiques, la nostalgie n'en existe pas moins et c'est un ressort important dans le public, dès qu'il s'agit d'école, d'éducation, c'est-à-dire d'évocation de l'enfance. Beaucoup d'objets ordinaires du patrimoine éducatif ont une valeur émotionnelle ; chacun peut y trouver sa « petite madeleine de Proust ». Est-ce inadmissible ? Je crois au contraire que cette forme de remémoration est intéressante, qu'elle est souvent susceptible de favoriser un dialogue transgénérationnel et que, si le propos général de l'exposition y est attentif, elle peut jouer le rôle de médiateur affectif vers la construction de savoirs plus élaborés. Autrement dit, il faut que cette dimension soit acceptée et intégrée au projet.

Il en va de même des reconstitutions et de tout ce qui est de l'ordre de la recherche des effets de réel. Ils ont leur place possible dans le dispositif d'ensemble, mais ils ne sauraient être une fin en soi. Avec les animations plus ou moins théâtrales auxquelles ils sont quelquefois associés, ils risquent de faire dériver le propos bien loin des exigences élémentaires de l'histoire. Les musées de l'éducation, comme les musées d'histoire en général, n'ont pas vocation à être des parcs d'attraction.

Est-ce à dire, à l'inverse, que les expositions des musées de l'éducation soient à envisager comme des instruments au service de la médiatisation des recherches ? Intellectuellement satisfaisante, du moins en première lecture, cette assertion doit être fortement nuancée. L'exposition est une démarche dont beaucoup de chercheurs éprouvent des difficultés à appréhender la spécificité. La séquence logique qui part d'une thématique et d'une problématique de recherche pour aboutir à sa mise en forme selon les desiderata du chercheur n'est pas nécessairement le plus court chemin vers la diffusion des résultats de la recherche, mais souvent le plus sûr moyen d'aboutir à une prestation inefficace.

Il faut y insister, la muséographie est un langage, avec sa syntaxe propre et son vocabulaire. Son maniement exige des connaissances, une expérience et une sensibilité particulières. C'est donc au concepteur, aidé ou non d'autres professionnels (architectes, muséographes, scénographes, etc.), qu'il revient de s'approprier intellectuellement un sujet donné et de le penser en termes d'agencement d'objets et de documents, et d'environnement didactique.

C'est aussi par ce type d'alchimie que l'éducation devient objet de musée.

L'Atlas historique *L'École au Québec: éducation, identités et cultures*: un projet fédérateur valorisant le patrimoine scolaire

Brigitte Caulier et Thérèse Hamel[1]

L e projet *L'École au Québec: éducation, identités et cultures* s'intègre à la programmation du Centre interuniversitaire d'études québécoises (CIEQ) qui s'est engagé, depuis 1994, dans un projet collectif majeur: l'*Atlas historique du Québec*. L'*Atlas* vise à intégrer l'étude des dynamiques sociétales dans leurs deux dimensions essentielles, l'espace et le temps, à travers des démarches interdisciplinaires étendues, reposant sur le traitement d'importants corpus de données.

Prenant principalement la forme d'une collection d'ouvrages thématiques, l'*Atlas historique du Québec* dégage des perspectives d'ensemble de la société québécoise dans la longue durée afin de mieux saisir les étapes, les enjeux et l'originalité de son développement. Sept volumes ont déjà vu le jour: *Le pays laurentien au XIXe siècle, Population et territoire, Le territoire, L'institution médicale, Québec, ville et capitale, Le Nord, habitants et mutations* et *La paroisse*. Dans le prolongement de notre réflexion collective sur l'institution (autour de l'institution médicale et de la paroisse), nous nous proposons de nous pencher sur l'École.

---

1. Les deux auteures dirigent le volume présenté dans ces quelques pages. Brigitte Caulier est directrice du CIEQ-Laval et codirectrice de la collection Atlas historique du Québec, elle est professeure titulaire au Département d'histoire de l'Université Laval. Thérèse Hamel est professeure titulaire à la Faculté des sciences de l'éducation.

RÉFLÉCHIR SUR UNE INSTITUTION EN CRISE

Depuis deux décennies, les grandes institutions, qu'elles soient civiles ou religieuses, ont subi une remise en question profonde et une perte de légitimité que plusieurs associent à l'idéologie ultra-libérale, ainsi qu'aux lourdeurs et déficiences de leur fonctionnement, qu'elles soient réelles ou anticipées. Certains courants revendiquent un allègement des structures, qui peut aller jusqu'à un désengagement de l'État, en éducation et dans les services sociaux notamment. Dans le même temps, l'affaiblissement du lien social et l'accentuation de l'individualisme fragilisent les réseaux de proximité et incitent les individus à faire, paradoxalement, appel à l'État et à l'École pour prendre en charge les problèmes sociaux. En fait, l'École connaît depuis quelques années de profondes mutations. Elle est au cœur des débats sur l'avenir de nos sociétés. Elle est, à la fois, vecteur fondamental de la reproduction sociale (voire de l'exclusion) et lieu d'investissement massif en vue du développement matériel et culturel des générations futures. L'École a été également sollicitée constamment dans la formation des personnes pour augmenter la productivité du travail, mais aussi pour que celles-ci assument pleinement leur rôle de citoyen du monde. On lui demande, par exemple, de favoriser l'intégration des populations immigrantes. Depuis plusieurs années, elle est mise à contribution dans la redéfinition des rôles de la famille, en délestant celle-ci de certaines de ses attributions – souvent contrainte et forcée. Les mutations sociétales se répercutent sur cette institution, qu'on pense à l'essor des réseaux de communication intégrés (Internet) et leur impact profond sur les cultures, les territorialités de même que sur les identités individuelles et collectives ; à la crise des modèles culturels traditionnels de masculinité et de féminité, etc. Tous ces exemples montrent que l'École, comme l'État d'ailleurs, est directement interpellée et apparaît d'emblée au cœur des enjeux politiques contemporains.

Mais en a-t-il toujours été ainsi ? Dans quelle mesure les problèmes et les défis d'aujourd'hui trouvent-ils écho dans le passé ? Est-ce que les réponses et les stratégies imaginées par les acteurs sociaux il y a trente, cinquante, cent ou deux cents ans peuvent nous éclairer sur la nature des mutations actuelles ? Il n'y a pas, bien sûr, de réponse simple à de telles questions. Pourtant, tous, scientifiques ou citoyens, nous les formulons, en toute légitimité, et presque quotidiennement. Faire découvrir la complexité et la diversité des processus sociétaux qui donnent forme et contenu aux grandes institutions, fournir des éléments permettant de situer et d'interpréter les transformations actuelles et leurs enjeux, telles sont donc les ambitions les plus générales du projet.

Comme on le sait, l'institution renvoie à des approches théoriques contrastées. On peut par exemple mettre l'institution au centre d'un système de *contraintes* (des manières de faire, de sentir et de penser « cristallisées », contraignantes et distinctives) ou encore la considérer comme un lieu d'établissement des *consensus* sociaux (un système de valeurs et de normes partagées). Pour sa part, la tradition marxiste la voyait au contraire comme un instrument de *domination* de la bourgeoisie (appareils répressifs et idéologiques), et surtout comme un mécanisme assurant la reproduction sociale, que l'on pense à Bourdieu ou encore Beaudelot-Establet. Plus récemment, un auteur comme Petitat a montré comment l'école est aussi productrice d'une culture, en prenant pour exemple les transformations de certains sous-ensembles de l'appareil scolaire européen. Fait intéressant, l'acteur social, relativement oublié pendant de longues périodes, est interpellé directement par des auteurs comme Dubet qui place l'individu, et plus particulièrement l'élève, au cœur de multiples logiques d'actions sociales. De plus, les tendances plus récentes en sciences sociales nous invitent à marier les échelles d'observation, à aménager des passerelles entre les approches micro et macro, l'individu et la structure sociale, le pouvoir local et l'État, etc. Vues sous cet angle, les institutions appartiennent à un niveau intermédiaire des rapports sociaux, à la représentation des intérêts sociaux divergents et à l'établissement, dans la durée, de compromis fragiles sur le plan d'une société globale (le système politique) ou sur celui des organisations (le système institutionnel des organisations). Dans une société caractérisée par la permanence des conflits et la pluralité des modèles culturels, les institutions représentent des lieux où s'élaborent et se concrétisent les compromis qui codifient les rapports sociaux fondamentaux, les inscrivent dans la durée et dans l'espace.

L'ÉCOLE AU QUÉBEC : UNE QUESTION D'ÉDUCATION, D'IDENTITÉS ET DE CULTURES

À partir des années 1960, les sociétés occidentales ont mis l'accent sur l'instruction, l'acquisition des connaissances et peut-être moins sur l'éducation et la transmission de valeurs, trop souvent identifiées au conformisme. On a eu tendance à renvoyer à la sphère privée et à la responsabilité des parents, le choix et la transmission de ces valeurs (cf. morales ou religieuses). Au nom de la modernisation et de l'accessibilité aux savoirs, l'État devait orchestrer les réformes scolaires.

Or, le rapport à l'École se trouvait également profondément modifié par l'émergence de la jeunesse comme catégorie sociale, et l'accession des femmes au monde du travail. Au Québec, cette évolution s'est opérée dans le cadre particulier d'une mise à distance Église/État et du redéploiement de la question nationale et identitaire, sur une base désormais linguistique, délestée des clivages confessionnels que le système scolaire continuait pourtant de refléter. En tant que lieu de contrôle possible des consciences, l'École s'est donc située au cœur des enjeux de la sécularisation institutionnelle. À plusieurs égards, la société québécoise semble avoir connu une accélération du processus de démocratisation du système scolaire.

Ce système scolaire québécois émergeant d'une société doublement coloniale, dont la majorité francophone et catholique se trouve minoritaire en Amérique du Nord, il a fallu des études minutieuses pour en identifier les structures complexes. Aussi, les pionniers de l'histoire de l'éducation ont-ils privilégié les instances décisionnelles et les législations, étape nécessaire pour saisir les contours de cette institution essentielle dans toute société. Ils ont d'abord fait porter leur attention sur le secteur majoritaire: celui qui touche les catholiques francophones. À une période de questionnement sur la place de l'État dans le développement du système scolaire, ils ont braqué leurs recherches sur les instances centralisatrices, comme en témoigne la somme de Louis-Philippe Audet.

Plus récemment, les problématiques autour des questions iden-titaires, tant ethniques que religieuses et sexuelles, ont obligé à une investigation plus poussée de l'institution scolaire. La centralisation jugée aujourd'hui excessive a certainement contribué à des relec-tures sur le système scolaire ancien, et tout particulièrement les commissions scolaires. Aujourd'hui, il devient possible d'intégrer ces avancées sectorielles et monographiques sur un groupe ethnique, une confession ou l'un des sexes[2]. Si l'École a permis l'accession aux savoirs et le développement des habiletés pour un plus grand nombre; elle a aussi, en grande partie, institué des cloisonnements suivant les appartenances, ethniques et religieuses, sexuelles et sociales qui se manifestent jusque dans un espace ségrégué.

---

2. La maturité de l'historiographie transparaît dans la publication récente de synthèses sur l'éducation au Québec. Andrée Dufour, *Histoire de l'éducation au Québec*, Montréal, Boréal, 1997. 123 p. ; Jean-Pierre Charland, *Histoire de l'éducation au Québec : de l'ombre du clocher à l'économie du savoir*, Saint-Laurent, Éditions du Renouveau pédagogique, 2005. 205 p. et Roger P. Magnuson, *The Two Worlds of Quebec Education During the Traditional Era*, 1760-1940, London, Althouse Press, 2005. 267 p.

École de village à Saint-Pierre de l'île d'Orléans.
Archives nationales du Québec, cote P630, D12751, P2

Lorsque les Français ont entrepris la colonisation de l'Amérique, les sociétés européennes développaient l'école comme lieu d'éducation et d'instruction, sur des initiatives privées et sur des fondements religieux, issus des Réformes protestante et catholique. Au XIXe siècle, la nécessité d'une main-d'œuvre mieux formée pour l'industrie et la mise en place de la démocratie élective incitent au développement de systèmes scolaires centralisés et régulés par l'État. Chaque mutation se répercute donc sur l'éducation et son organisation. L'ambition de l'Atlas historique consiste à préciser ces *principales transformations au Québec*.

Si nous avons retenu l'École pour nommer l'institution scolaire, le projet proposé ne se limitera pas au degré primaire d'enseignement. C'est au contraire le développement et la complexification des différents niveaux scolaires jusqu'aux universités qui seront envisagés, l'enseignement professionnel compris (agricole, commercial, santé etc.). On tiendra compte, également, du secteur de l'éducation populaire, développé dans le cadre associatif, qui témoigne de la demande éducative de plusieurs secteurs de la population.

Au fil de l'ouvrage, les variables fondamentales, telles que les *groupes sociaux*, le *genre*, l'*ethnie*, la *religion*, seront intégrées à l'analyse tant sur le plan des structures que des pratiques. L'éducation des minorités ethniques et religieuses sera également replacée dans son rapport dialectique avec celle de la majorité. Déjà, plusieurs recherches ont écorné l'idée d'un fonctionnement en vase clos des catholiques et des protestants. Les écoles juives seront traitées en soi, mais aussi dans leur rapport direct ou indirect avec les dénominations catholique et protestante. Enfin, l'éducation en milieu autochtone trouvera sa place dans le projet. L'ensemble de l'entreprise mettra en perspective l'éducation des filles et son corollaire l'éducation des garçons.

En ce sens, le projet vise à cerner l'institution scolaire telle qu'elle s'incarne dans des pratiques, des valeurs, des projets divers touchant des catégories de personnels et d'enfants. Il s'agit de mettre en évidence les rapports dialectiques qui s'établissent entre les institutions décisionnelles et les populations locales, entre les enseignants et les enseignés ; en bref d'*entrer dans la salle de classe*. L'institution École est entendue ici comme une *instance de transformation sociale*, productrice de nouvelles cultures qui participe aussi à la perpétuation des clivages sociaux et à la transmission de valeurs fondamentales, communes à une société. L'École agit également comme *institution territorialisante* qui peut confirmer ou atténuer l'inégal développement régional, ou local.

AU-DELÀ DE LA SYNTHÈSE, L'OUVERTURE DE NOUVEAUX CHANTIERS

La réalisation de l'Atlas sera l'occasion de faire le bilan sur plusieurs questions qui animent encore le débat sur la restructuration en cours du système scolaire. On pourra ainsi les insérer dans une perspective diachronique et spatialiser des phénomènes comme la *fréquentation* et la *persévérance scolaires*, avant et après l'instauration de l'obligation scolaire (leur évolution, les inégalités régionales, les régions championnes et les régions défavorisées à cet égard) ; la *réussite scolaire* des *garçons* et des *filles*, thème cher à notre actualité, illustrée à travers le temps et l'espace ; mais aussi, les *communautés culturelles* et l'organisation scolaire (lieux et temporalités des différents groupes que ce soit les protestants – anglophones et francophones –, les catholiques anglophones, les Chinois, les juifs, les autochtones) ; et enfin, l'évolution des *commissions scolaires*, de leur organisation, de leur pouvoir et de leur juridiction respective.

Si l'Atlas couvre l'ensemble de la période historique, les recherches seront particulièrement poussées sur le tournant du XIXe, et la première moitié du XIXe siècle, ainsi que des années 1940 aux années 1980 inclusivement. Des recherches pionnières comme celles d'Andrée Dufour[3] révèlent les transactions des communautés locales dans la

---

3. Andrée Dufour, *Tous à l'école. État, communautés rurales et scolarisation au Québec de 1826 à 1856*, Ville LaSalle, Hurtubise HMH, 1996.

demande d'éducation. La synthèse récente de Roderick MacLeod et Mary Anne Poutanen[4] sur les écoles protestantes démontre la pertinence de regarder l'organisation scolaire d'en-bas, de voir les interactions entre les parents, les communautés et l'École, la demande éducative plutôt que l'imposition d'un système scolaire. On peut également entreprendre une relecture de la dialectique secteur privé-secteur public. D'autres chercheurs ont balisé les réformes, les refontes de programme, mais peu d'études approfondies ont été réalisées sur la mise en application et les effets de ces réformes. Le redéploiement scolaire consécutif à la Commission Parent demeure à analyser de la base: qu'il s'agisse de l'implantation des écoles et autres institutions d'enseignement (dont la création des polyvalentes, des cégeps, de l'Université du Québec et de Concordia); de la centralisation des lieux de formation des maîtres (fermeture des écoles normales et transfert à l'université); de la hausse des effectifs enseignants et de la mutation de leur statut civil (le retrait de l'Église).

UNE APPROCHE INTERDISCIPLINAIRE OÙ LA GÉOGRAPHIE HISTORIQUE TIENDRA UNE LARGE PLACE

L'approche ambitieuse qui veut rendre compte des grandes étapes de la transformation du système scolaire québécois, en la spatialisant, nécessite une approche interdisciplinaire et une collaboration des meilleurs spécialistes de ce domaine. Outre la consolidation des données déjà réunies, les chercheurs étendront leurs enquêtes à *l'échelle provinciale* et ouvriront de *nouveaux chantiers*. Les outils de réflexion et de cartographie que nous apporte la géographie historique seront largement exploités.

Plusieurs dossiers nous apparaissent prioritaires: la cartographie des établissements scolaires à l'échelle du Québec, celle des effectifs scolaires, enseignants et administratifs; l'inventaire et la cartographie des communautés religieuses enseignantes; la cartographie des commissions scolaires et leur évolution; celle de l'alphabétisation et des mouvements spontanés, locaux de revendication à l'éducation. On sera attentif, par exemple, aux transformations récentes des commissions scolaires, de confessionnelles à linguistiques, (jusqu'aux changements de nom des écoles).

---

4. Roderick MacLeod et Mary Anne Poutanen, *A Meeting of the People. School Boards and protestant Communities in Quebec, 1801-1998*, Montreal and Kingston, London, Ithaca, McGill-Queen's University Press, 2004.

En plus de couvrir les grands secteurs touchés par les spécialistes de ce domaine, l'Atlas va accélérer des recherches en cours et favoriser des analyses croisées, par exemple sur l'évolution du bâtiment scolaire, celle du matériel pédagogique utilisé à l'école, la place des religieux et religieuses dans l'appareil public d'éducation. L'analyse spatiale des séries de données accumulées pourra relancer l'interprétation des phénomènes.

Au total, l'idée maîtresse qui charpente ce projet sur l'École est l'examen de la redéfinition du mandat de l'école à travers le temps, afin de comprendre la complexité de l'École productrice d'identités et de cultures en constante évolution et interactions.

UNE ŒUVRE GRAND PUBLIC VALORISANT LE PATRIMOINE SCOLAIRE

Avec l'*Atlas*, nous visons une diffusion axée sur le transfert des connaissances à un public large qui s'appuie sur une recherche scientifique solide. Le concept de la collection *Atlas historique du Québec* valorise une écriture abordable et un support iconographique important. Avec des encarts, des graphiques et une cartographie qui sera tridimensionnelle, l'ouvrage se veut accessible et souple dans son utilisation.

Nous désirons mettre à la disposition des institutions scolaires comme le ministère de l'Éducation, du Sport et des Loisirs du Québec, les commissions scolaires et des maisons d'éducation, les instruments de recherche réalisés dans le cadre du projet (bases de données, cartographie automatique, etc.).

Ce travail collectif ne peut s'envisager sans la collaboration des différentes institutions, parties prenantes de l'éducation au Québec. Il nécessite en effet la mise en commun d'une documentation importante, qu'elle soit textuelle ou iconographique, dont disposent plusieurs organismes religieux tels que les communautés enseignantes, les séminaires. Nous n'oublions pas non plus les commissions scolaires et autres acteurs de l'éducation québécoise. Nous tenons à ce que ce projet permette la mise en valeur de leurs archives et leurs collections et qu'il suscite un surcroît d'intérêt pour leur préservation. Nous pouvons apporter certaines aides concrètes, outre la mobilisation de la communauté scientifique et de l'opinion publique, telles que la numérisation d'archives textuelles ou iconographiques, la création de bases de données qui serviront aux institutions elles-mêmes.

Une telle entreprise ne compte pas sur les seules forces internes d'un centre de recherche ; c'est la communauté scientifique, spécialiste de la question, qui est mobilisée. Collective, la démarche assure un intense brassage d'idées et d'informations qui peut mener à des interventions en matière de préservation du patrimoine scolaire. Elle favorise également le décloisonnement entre les différents secteurs du système scolaire québécois. Déjà des collaborations soutenues sont établies entre le CIEQ et le Groupe de recherche sur l'éducation et les musées (GREM) de l'UQAM, dans l'établissement du Musée de l'Éducation. Un groupe de veille et de coordination a vu le jour lors du colloque sur « Le patrimoine scolaire : un patrimoine à sauvegarder ? », tenu dans le cadre du 73ᵉ Congrès de l'ACFAS à Chicoutimi : le Groupe d'intérêt pour la valorisation du patrimoine scolaire. Il réunit des universitaires et des représentants du monde de l'éducation.

À l'aval de sa réalisation, l'Atlas devrait sensibiliser la population québécoise à l'importance de son système scolaire et, par conséquent, à la signification du patrimoine scolaire qui témoigne de ce passé. Mais il s'agit également de décloisonner nos connaissances en prenant en compte toutes les composantes de la société québécoise aussi bien francophone qu'anglophone.

Actuellement, une quinzaine de chercheurs québécois travaillent sur le projet et portent des chantiers. D'autres collaborateurs interviennent sur des aspects plus ponctuels. Pour tous, le moment était venu de rassembler les acquis des recherches récentes qui ont rendu plus concrète la vie scolaire. Ce projet représente une opportunité de réfléchir collectivement à l'évolution du système scolaire. Nous avons une ambition : contribuer à placer l'École au centre des débats de société. Comment ? En familiarisant le grand public aux acquis de la recherche qui abolissent des clichés tenaces, en particulier entre communautés ; en faisant bénéficier le grand public d'une expertise nouvelle.

Les archives de l'éducation aux Archives nationales du Québec : une mémoire incontournable

Pierre-Louis Lapointe

Le patrimoine scolaire du Québec est multiple et varié : la notion englobe d'ailleurs les bâtiments, les objets et surtout le patrimoine documentaire, qu'il s'agisse d'imprimés ou d'archives. C'est ce dernier qui nous apparaît d'autant plus indispensable à sauvegarder qu'il pourrait le cas échéant permettre la reconstitution du patrimoine bâti et des objets de tout ordre qui se rattachent à la pratique de l'enseignement et aux affres de « l'apprenant » !

Ceux d'entre nous qui ont eu le privilège d'effectuer des recherches de tout ordre dans les sources imprimées et manuscrites se rapportant à l'éducation peuvent dresser la liste des principaux types de dépôts d'archives qui s'avèrent indispensables pour la poursuite de recherches dans ce secteur d'activité. Ceux qui nous viennent spontanément à l'esprit sont les suivants :

1. Les dépôts d'archives des communautés religieuses enseignantes (correspondance, contrats, plans d'écoles, photographies d'enseignants et d'élèves, journal quotidien de chaque établissement, etc.) ;

2. Les archives diocésaines catholiques (correspondance du curé avec son ordinaire, rapports annuels qui intègrent des données sur les écoles de la paroisse ou rapport séparé sur les écoles, rapports des visiteurs ecclésiastiques, etc.) ;

3. Les dépôts des grandes églises chrétiennes non catholiques et les rapports annuels publiés à l'occasion de leurs assises annuelles ;

4. Les archives des commissions scolaires (procès-verbaux des commissaires et syndics, rôles d'évaluation, journaux d'appel, correspondance, registres comptables, etc.) ;

5. Bibliothèque et Archives Canada (BAC), qui conservent les archives se rapportant aux débuts de l'éducation au Bas Canada avant 1842 ;

6. Les dépôts d'archives de tout ordre qui conservent les fonds d'archives d'enseignants, d'inspecteurs d'écoles, de fonctionnaires de l'éducation, d'anciens commissaires ou syndics d'écoles et d'hommes politiques qui ont trempé de près ou de loin dans ce secteur d'activité...

De tous les dépôts d'archives qui conservent des documents se rapportant à l'éducation, un seul, le Centre d'archives de Québec des Archives nationales du Québec (ANQ), bientôt « Bibliothèque et Archives nationales du Québec » (BANQ) peut se coiffer du titre « d'incontournable » ressource documentaire sur l'enseignement et l'éducation au Québec. Le nombre, l'importance et la nature très diversifiée des fonds d'archives sur l'éducation qui y sont conservés en font le lieu de prédilection pour tout chercheur professionnel qui œuvre dans ce secteur de la recherche. La liste des fonds de ce type qui y sont conservés apparaît à l'annexe A.

Un seul de ces fonds d'archives se doit de retenir notre attention dans le cadre de cette présentation. Il s'agit du fonds du ministère de l'Éducation du Québec (E13), fonds auquel sont intégrées les archives de l'ancien Département de l'instruction publique (DIP) et de l'éphémère ministère de la Jeunesse. Corpus documentaire d'une richesse insoupçonnée, ce fonds d'archives regroupe les lettres reçues et expédiées par le Département de l'instruction publique (1842-1967), les rapports des inspecteurs d'écoles, les procès-verbaux des réunions des comités catholique et protestant du Conseil de l'instruction publique et de leurs divers sous-comités ainsi que les commentaires et les directives du Surintendant de l'instruction publique aux autorités locales. À ces archives antérieures à la création du ministère de l'Éducation s'ajoute la prolifération des séries documentaires représentatives de l'énorme bureaucratie centralisatrice qui est mise en place par Arthur Tremblay, Paul Gérin-Lajoie et leurs émules de la « Grande révolution tranquille »... pour le plus grand bien de l'enfant et des personnels de l'enseignement il va sans dire ! Cette masse documentaire de plus de 2 300 m de documents textuels, de photographies, de films, de plans et d'archives sonores est un incontournable pour tous ceux qui s'intéressent à l'histoire de l'éducation, voire à l'évolution culturelle du Québec.

Pour se retrouver dans la masse documentaire considérable du E13, il nous faut faire appel aux nombreux instruments de recherche anciens et nouveaux qui sont mis à notre disposition. Au cœur de ces outils de recherche se trouve PISTARD, le guide général informatisé de l'ensemble des fonds et collections conservés au Centre d'archives de Québec et dans les huit autres centres du réseau des ANQ. C'est lui seul qui nous permet de retracer l'adresse de la boîte ou du registre, voire du dossier ou de la pièce d'archives que nous avons repéré grâce à un des nombreux autres instruments de recherche spécialisés.

La porte d'entrée du fonds du ministère de l'Éducation (MEQ) n'a rien de bien spectaculaire : il s'agit d'un cartable à anneaux blanc (rangé dans une étagère à l'entrée de la salle des chercheurs au 4e étage) dans lequel se retrouve un historique du DIP et du MEQ et un survol de l'évolution de l'instruction publique au Québec, des origines à aujourd'hui ; une « version référence » des grandes séries documentaires acquises par le Centre d'archives de Québec avec la liste des versements se rapportant à chacune de ces séries y inclus les dates extrêmes de chacune d'elles ; un exemplaire des bordereaux d'acquisition de chacun des versements, bordereaux qui décrivent avec plus de précision la répartition des séries documentaires cédées dans le cadre de ce versement ; et parfois, le répertoire des dossiers de séries ou de sous-séries particulières, certains disponibles sur support numérique. Il s'agit en l'occurrence des répertoires suivants :

Classe de 5ᶜ-B École Provost, Lachine 1953-1954. Collection privée.

1. Répertoire de la sous-série « Nominations de commissaires et de syndics d'écoles, 1908-1949 », versement 1960-01-032/2343 à 2400. Les documents sont placés par ordre alphabétique du nom des localités ;

2. Répertoire de la série « Engagements d'instituteurs et institutrices », versement 1960-01-032/2469 à 2528 et versement 1993-06-007/ 559 à 565. Ce deuxième versement, s'intéresse exclusivement aux instituteurs et institutrices des régions de colonisation (fichier électronique 302026-E.13) ;

3. Répertoire de la série « Écoles normales », versement 1993-06-007/347 à 397 (fichier électronique 302027) ;

4. Répertoire de la série « Conseil de l'instruction publique », versements 1960-01-032/74-76, 3007-3014 ; 1984-12-004/3017 ; 1985-04-003/122 à 129 ; 1993-06-007/254 à 321 ; et 1993-06-015/44 (fichier électronique 302024-E.13) ;

5. Répertoire de la série « Construction des écoles, 1960-1964 », versements 1993-06-007/525 à 531 et 1997-02-006/1 à 13 ;

6. Répertoire des imprimés conservés dans le fonds du MEQ (E13), versement 1999-08-002/1 à 105 (fichier électronique disponible) ;

7. Répertoire de la série « Enseignement collégial et éducation des adultes », versement 1992-11-000/1 à 114. Disponible sur microfiches, I.R. 302121 ;

8. Répertoire de la série « Ordre du mérite scolaire, 1931-1982 », versement 1993-11-009/1 à 19. Contient la liste des candidats et celle des récipiendaires (placés par ordre alphabétique) de l'Ordre du mérite scolaire. Disponible sur microfiches : I.R. 302051.

Les bordereaux d'acquisition ne font que résumer le contenu des versements : le chercheur qui le désire peut consulter les bordereaux de versement qui énumèrent les dossiers qui se trouvent dans chaque boîte du versement afin de dresser la liste des boîtes dans lesquelles se retrouvent les dossiers qui se rapportent plus particulièrement à l'objet de sa recherche. Dans un proche avenir, les bordereaux de versement seront transmis sur support numérique, ce qui facilitera d'autant la recherche.

Des instruments de recherche plus spécialisés sont disponibles sur microfiche ou microfilm. En voici la liste descriptive :

1. Répertoire des documents relatifs aux institutions d'enseignement ménager et aux instituts familiaux, 1924-1964 (versement 1960-01-032/2666 à 2679)/, I.R. 301104.

2. Répertoire des registres et index des brevets du Bureau central des examinateurs catholiques de la province de Québec, 1895-1939 (versement 1960-01-032/27 à 42), I.R. 301105. Deux bobines de microfilm sont complémentaires de cet instrument dans la mesure où on y trouve un index des brevets décernés (1880-1939), la liste des instituteurs suspendus (1880-1898) et celle des certificats modèles et élémentaires ainsi que « anglais/français » décernés pour la période 1925 à 1938. Il s'agit des bobines M37/1 et 2. Au Centre d'archives de Québec, elles sont localisées au 4M00-2072A et 4M00-2073A.

3. Répertoire des registres des brevets d'enseignement accordés par les écoles normales, 1908-1954 (versement 1960-01-032/2818 à 2827), I.R. 301106.

4. Répertoire des registres de lettres expédiées du Département de l'instruction publique, 1842-1852, 1860-1918 (versement 1960-01-032/136 à 286), I.R. 301107.

L'instrument de recherche 300081 intitulé « Répertoire de la correspondance entre le Secrétariat de la province et le Département de l'instruction publique, 1867-1957 », rattaché au fonds du Secrétariat provincial (E4), dresse par ordre chronologique la liste des dossiers de correspondance qui touchent à la question de l'éducation. Soulignons que le Secrétaire provincial était le responsable politique du Surintendant de l'instruction publique.

Des instruments de recherche informatiques spécialisés (banques de données) permettent de retracer les photographies, les films, les cartes et les plans versés par le ministère de l'Éducation aux ANQ. Ces secteurs spécialisés sont situés au cinquième étage du Centre d'archives de Québec.

Pour les archives textuelles cependant, tous les instruments de recherche parcellaires énumérés plus haut ne peuvent remplacer les index à la correspondance reçue du DIP, qu'il s'agisse des index aux municipalités scolaires ou des index aux noms de personnes (onomastiques) et aux sujets. Les dossiers numérotés (no de dossier associé à l'année de sa création ou de son ouverture ex. 806 de 1890) ainsi constitués regroupent les lettres et documents reçus et le plus souvent les réponses expédiées par le Surintendant de l'instruction publique ou par son personnel.

Au tout début de la mise en place du « Registraire » du Département de l'instruction publique, avant que celui-ci ne soit bien rodé, il y a des hésitations. De 1842 à 1845, la numérotation des lettres reçues s'étale sur une période de deux ans : de 1845 à 1856, celle-ci se fait annuellement. De janvier à septembre 1856, il n'y a pas de page couverture pré-imprimée avec un espace pour y inscrire le numéro de dossier, la date, le nom du correspondant et le sujet. À compter de septembre de la même année cependant, une page couverture identifie la plupart des dossiers. Pour les débuts du « Registraire », de 1842 à 1856 surtout, il est souhaitable de consulter les projets de lettres expédiées (versement 1960-01-032/103 à 135) et les cinq registres de lettres expédiées (versement 1960-01-032/136 à 140). Par après, il n'est plus nécessaire d'effectuer ce genre de vérification puisque les dossiers contiennent toujours une copie des lettres envoyées.

Ces index microfilmés sont disponibles dans chacun des neuf centres d'archives du réseau des Archives nationales du Québec. Les deux premières bobines, qui couvrent la période 1842 à 1878 (M75/1 et M75/2), reproduisent des registres qui intègrent dans une même indexation les lettres en provenance des municipalités scolaires (sous le nom de la commission scolaire ou de son secrétaire trésorier), celles qui proviennent d'individus (noms de personnes) et les rubriques sujets. De 1879 à 1967 par contre, deux index sont tenus concurremment, celui des municipalités scolaires (M75/3, 4, 5, 6, 7, 8 et 9) et celui des noms de personnes et des sujets (M45/1, 2 et 3).

La description qui suit, beaucoup plus précise, permet de découvrir tout le potentiel de cet outil de recherche. Les localisations qui sont données ne valent que pour le Centre d'archives de Québec. On retrouvera les index par municipalité scolaire à l'Annexe B.

Le système de « Registraire », axé sur une gestion centralisée de toute la correspondance et de tous les dossiers d'un ministère ou d'un organisme, fonctionne admirablement bien dans la mesure où on respecte cette organisation des documents. En temps normal, les registres et les index de cette correspondance permettent de retracer la totalité des dossiers. Malheureusement, le « Registraire » de plusieurs ministères fut démembré : les dossiers et la correspondance furent très souvent redistribués dans les services spécialisés du ministère ou acheminés aux ministères ou aux organismes dans lesquels certaines responsabilités ou certaines directions avaient été transférées. Ce fut le cas du Secrétariat de la province (E4), du ministère des Travaux publics (E25) et de celui des Terres et Forêts (E21). Heureusement pour nous, celui du Département de l'instruction publique n'a pas été démantelé. L'essentiel des dossiers antérieurs à 1943 ont conservé leur ordre numérique et chronologique primitif. Il s'agit du versement 1960-01-032/287 à 2270. À compter de 1943 cependant, il y a regroupement thématique des dossiers tout en respectant la numérotation et l'ordre chronologique d'origine. Les 566 boîtes de correspondance du versement 1993-06-007 sont réparties selon les catégories suivantes: commissions scolaires (253 boîtes), comité catholique et DIP secteur catholique, comité protestant et DIP secteur protestant, correspondance générale, écoles normales, subventions, statistiques de l'enseignement (boîtes nos 421 à 496/voir l'instrument de recherche sur microfiche n° 301960), personnel du DIP, inspecteurs d'écoles, ordre du mérite scolaire, service de la construction des écoles (1960-1964), associations, relations avec l'extérieur, écoles d'agriculture, engagements dans les régions de colonisation et « High School Leaving Board, 1945-1965 ». Il faut donc tenir compte de ces subdivisions pour retracer certains des dossiers postérieurs à 1943.

La mise en place des nouvelles structures administratives du ministère de l'Éducation à la fin des années 1960 et au cours des décennies qui suivent ébranle quelque peu cette belle organisation des archives. Les nouvelles directions récupèrent systématiquement les dossiers « actifs » qui se rapportent à leur champ de compétence, ce qui brise le fil d'Ariane qui permettait de retracer le dossier. Il nous faut donc parcourir les divers bordereaux d'acquisition (et dans un deuxième temps les bordereaux de versement) pour retrouver la trace de ces anciens dossiers.

Un exemple en vaut bien d'autres. Si on tente de retracer le dossier de construction d'une école remontant à la période 1920 par exemple, l'index nous permet généralement de le retrouver. Dans la mesure où une école est toujours en activité et relève d'une commission scolaire, le dossier de l'école est considéré comme actif et il est conservé par la direction du MEQ qui s'occupe des équipements scolaires, même si cette école remonte au début du vingtième siècle. Mais dès que l'école est vendue ou cédée à un tiers (ex. la municipalité), le dossier de l'école est transmis aux « services juridiques » du ministère, qui a le mandat de vérifier la transaction. Il en va ainsi des versements 1992-11-007/Dir. des affaires juridiques, dossiers de vente d'écoles; 1993-04-006/1 à 8 (transactions immobilières); 1998-11-001/67 à 118 et 122 (transactions immobilières). Ce sont donc des directions qui n'ont rien à voir avec la construction ou l'entretien du parc immobilier scolaire qui sont susceptibles de nous verser ces dossiers.

Malgré les difficultés rencontrées dans le repérage des dossiers, de nombreux chercheurs ont été en mesure de mener à bien des projets de recherche stimulants et novateurs dans le domaine de l'histoire de l'éducation grâce aux richesses documentaires de ce fonds d'archives. Il en va ainsi de Paul Aubin pour le manuel scolaire, de Martial Dassylva pour la « genèse des cégeps », de Mélanie Lanouette pour le secteur catholique de langue anglaise, et de Roderick MacLeod et Mary Anne Poutanen pour l'enseignement protestant. Nous recevons régulièrement des chercheurs amateurs et professionnels qui se servent de ce fonds d'archives pour écrire l'histoire scolaire de leur localité ou pour rédiger la biographie d'un inspecteur d'école ou d'une simple institutrice d'école de rang. Les généalogistes, quant à eux, s'intéressent à tous les renseignements nominatifs qui permettent d'étoffer leur connaissance de proches parents ou de personnages qui ont marqué la vie scolaire de ces derniers.

Afin de susciter l'intérêt d'un certain nombre de chercheurs pour les archives du ministère de l'Éducation, nous donnons en vrac des références à des sujets d'intérêt que nous y avons retracés. Ils sauront certainement susciter la curiosité.

1. Versement 1993-06-007/462. Enquête scolaire de 1942 – Rapports. Carnets de sténographie intitulés « Salaires des institutrices – Centres de colonisation, 1940-1941 ». Rapport Jackson et Conférence d'Ottawa (1942).

2. Versement 1989-05-004. Trente-quatre boîtes de documents se rapportant au ministère de la Jeunesse, 1937-1969.

3. Versement 1993-06-007. Dossier n° 1320 de 1952 : « Enquête sur les causes de départ des élèves de 4e, 5e et 6e années ». / Dossier n° 2350 de 1952 : « Photographies des écoles ». / Dossier n° 980 de 1953 : « Enseignement du français dans le comté de Pontiac ».

4. Versement 1989-05-004/83 : « Formation technique. Entente avec le fédéral (1942) et projet d'entente de 1945 (Sauvé) ».

5. Versement 1984-02-007/104 : « Un bel exemple de discrimination raciale, 1967-1968 ».

6. Versement 1960-01-032. Dossier n° 1575 de 1898 : « Rapports sur les écoles des sauvages ».

7. Versement 1960-01-032/46 à 49. Érections et annexions de municipalités scolaires, 1843-1948. Registre 47 : les lois, proclamations, décrets et résolutions relatifs aux érections et délimitations des villes, villages, paroisses et cantons : index des municipalités scolaires, 1845-1868. Disponible sur microfilm aux localisations 4M00-4465A et 4M00-4466A.

8. Versement 1960-01-032/61. Rapport de John Bruce, inspecteur d'écoles, à Jean-Baptiste Meilleur, 1853-1854.

9. Versement 1960-01-032/68 à 73. Registres et index des sentences rendues par le Surintendant, 1849-1899.

Enfin, pour terminer, nous offrons en prime à ceux qui s'intéressent aux originaux des rapports d'inspecteurs d'écoles, la liste des dossiers dans lesquels ils se retrouvent, et ce, pour la période 1895 à 1945 (voir annexe C).

Une question revient constamment dans l'analyse que l'on fait de la version imprimée des rapports des inspecteurs d'écoles qui se retrouvent dans le *Rapport du Surintendant de l'Instruction publique*. Dans quelle mesure cette version imprimée diffère-t-elle du manuscrit original soumis par l'inspecteur au Surintendant se demande-t-on ? Après avoir effectué une comparaison systématique d'un échantillon représentatif de ces rapports, nous avons constaté que les variantes relevaient d'une simple opération cosmétique. La version imprimée élimine les salutations qui apparaissent en début et fin du rapport qui est expédié au Surintendant et il y a vérification de l'orthographe et de la qualité du français. Nonobstant donc les affirmations gratuites maintes fois véhiculées à l'effet que ces rapports imprimés censuraient vraisemblablement le contenu des rapports manuscrits reçus par le Surintendant (régime clérical totalitaire oblige !), nous pouvons affirmer qu'il n'en est rien. Les remarques et observations des inspecteurs et leurs propositions constantes de réformes sont publiées intégralement. Un exemple parmi d'autres : en 1925, l'inspecteur Alphonse-L. Auger s'élève contre la trop grande place qu'occupe le « par cœur » dans les écoles et les programmes d'études. D'autres, nombreux, au début du vingtième siècle, citent l'expérience de l'Ontario et des autres systèmes d'éducation pour exiger l'instauration d'examens provinciaux pour marquer la fin des études primaires et pour mesurer la qualité de l'enseignement offert et le niveau de préparation des élèves à chaque étape du secondaire. À cette époque, les élèves et les enseignants étaient « évaluables » !

Par contre, en 1929, la décision de réorganiser l'inspectorat prise par le Surintendant Cyrille-F. Delâge modifie substantiellement le mode de fonctionnement du système d'inspection et par ricochet la nature des rapports d'inspection qui sont publiés. Les inspecteurs des écoles rurales catholiques, au nombre de soixante-deux, sont dorénavant chapeautés par huit inspecteurs régionaux tandis que sept inspecteurs urbains se partagent les cinq districts de Montréal et les deux districts de Québec (*Rapport du Surintendant de l'Instruction publique*,

1929-1930, page XIV). L'objectif visé, réduire la tâche de chacun des inspecteurs afin d'améliorer la qualité de leur travail (109 plutôt que 139 écoles à visiter). À partir du *Rapport du Surintendant* de 1930-1931, seuls les inspecteurs régionaux et les inspecteurs des cités, au nombre de quinze, élaborent les remarques d'ordre qualitatif qui sont publiées dans ledit Rapport. Ceux-ci synthétisent et tamisent peut-être dans une certaine mesure les « remarques générales » que leur font parvenir les inspecteurs ruraux qui relèvent de leur juridiction. Fort de la liste des rapports d'inspection manuscrits que nous joignons en annexe aux présentes, nous mettons au défi les chercheurs qui s'intéressent à cette question et à celle de la pensée unique qui régnait dit-on sur ce Québec de la « Grande noirceur », d'effectuer une analyse des variantes afin de prouver l'existence d'une censure impitoyable menée de main de maître par les inspecteurs régionaux de 1930 à 1936.

En terminant, souhaitons que cette brève présentation « utilitariste » des diverses facettes du trésor patrimonial que représente le Fonds du ministère de l'Éducation saura donner le goût des recherches en éducation aux chercheurs de la relève. Nous nourrissons l'espoir qu'ils en sortiront mieux préparés pour mener à bien leurs projets de recherche en histoire de l'éducation en les accrochant à des faits et des données glanées dans les archives plutôt que dans les modes idéologiques de leurs ancêtres du monde académique.

Annexe A

Principaux fonds d'archives du Centre d'archives de Québec se rapportant à l'éducation

1. E 4. Secrétariat de la province.

2. E 5. Conseil exécutif.

3. E 6. Ministère des Affaires culturelles (Ministère de la Culture et des Communications) : conservatoires de musique et d'art dramatique, écoles de danse, école des beaux-arts.

4. E 9. Ministère de l'Agriculture et de l'Alimentation : écoles d'agriculture et instituts de technologie agricole.

5. E 13. Ministère de l'Éducation : archives de l'ancien Département de l'instruction publique et du ministère de la Jeunesse.

6. E 30. École normale Laval, 1845-1978.

7. E 61. Commission administrative des régimes de retraite et d'assurance (CARRA) : rapports des secrétaires trésoriers des commissions scolaires eu égard au fonds de pension des fonctionnaires de l'enseignement primaire ; listes d'enseignants qui cotisaient au fonds de pension. (Versement 1985-11-003/1 à 29).

8. E 64. Ministère de l'Enseignement supérieur et de la Science.

9. E 68. Conseil des Universités.

10. E 85. Conseil supérieur de l'Éducation, 1963-1987.

11. E 111. Commission d'enquête sur la situation des écoles catholiques de Montréal, (1926-1928) présidée par Lomer Gouin. I.R. 300228.

12. E 116. Commission royale d'enquête sur l'enseignement au Québec, (1949-1966) présidée par Monseigneur Alphonse-Marie Parent. I.R. 300229.

13. P 41. Fonds Pierre-Joseph-Olivier Chauveau, 1844-1872. I.R. 300166.

14. P 169. Fonds Charles-Joseph Magnan, 1884-1952. I.R. 300141.

15. P 429. Fonds de l'Association professionnelle des inspecteurs d'écoles catholiques, 1901-1974.

16. P 456. Fonds Jean-Charles Magnan, 1877-1978. I.R. 300305.

17. P 495. Fonds J.-Wilfrid Caron. I.R. 301832.

18. P 496. Fonds Albert Roberge, 1906-1975.

19. P 500. Fonds Harold Graham Young.

20. P 558. Fonds Claude Ryan.

21. P 627. Fonds Michel Pagé.

22. P 636. Fonds François Lafleur.

23. P 656. Fonds Jacques-Yvan Morin. I.R. 300527.

24. P 657. Fonds Victor Goldbloom.

25. P 669. Fonds Jean-Jacques Bertrand, 1944-1970. I.R. 301509.

26. P 688. Fonds Jean Lesage.

27. P 693. Fonds Association des commissions scolaires du diocèse de Québec, 1940-1983.

28. P 706. Fonds Camille Laurin. I.R. 301110.

29. P 761. Fonds Léonce Pelletier.

30. P 784. Fonds Élisée Goulet.

Annexe B

Index par municipalités scolaires

1842 à 1863 :	M.75/1
1864 à 1878 :	M.75/2
1879 à 1890 :	M.75/3
1891 à 1909 :	M.75/4
1910 à 1924 :	M.75/5
1925 à 1934 :	M.75/6
1935 à 1949 :	M.75/7
1950 à 1967 (A-K) :	M.75/8
1950 à 1967 (L-Z) :	M.75/9

Index par noms de personnes et par sujets

	1842 à 1863 :	M.75/1
	1864 à 1878 :	M.75/2
	1879 à 1924 :	M.45/1
	1925 à 1949 :	M.45/2
	1950 à 1967 :	M 45/3
M.75/1	Localisation :	4M00-2111A

Index de la correspondance reçue par le Département de l'Instruction publique (DIP)

Index par municipalités scolaires, par noms de personnes et par sujets

1842 à 1850	
1851 à 1856	
1857 à 1861	
1862 à 1863	
M.75/2 Localisation :	4M00-2112A

Index de la correspondance reçue par le Département de l'Instruction publique (DIP)

Index par municipalités scolaires, par noms de personnes et par sujets

1864 à 1867	
1868 à 1870	
1870 à 1875	
1876 à 1878	
M.75/3 Localisation :	4M00-2113A

Index de la correspondance reçue par le Département de l'Instruction publique (DIP)

Index par municipalités scolaires
> 1879 à 1884.
> 1885 à 1890.

M.75/4   Localisation :   4M00-2114A

Index de la correspondance reçue par le Département de l'Instruction publique (DIP)

Index par municipalités scolaires
> 1891 à 1899
> 1900 à 1909

M.75/5   Localisation :   4M00-2115A

Index de la correspondance reçue par le Département de l'Instruction publique (DIP)

Index par municipalités scolaires
> A à K, 1910 à 1924
> L à Z, 1910 à 1924

M.75/6   Localisation :   4M00-2116A

Index de la correspondance reçue par le Département de l'Instruction publique (DIP)

Index par municipalités scolaires
> A à K, 1925 à 1934
> L à Z, 1925 à 1934

M.75/7   Localisation :   4M00-2117A

Index de la correspondance reçue par le Département de l'Instruction publique (DIP)

Index par municipalités scolaires
> A à Z, 1935 à 1949

M.75/8   Localisation : 4M00-2118A

Index de la correspondance reçue par le Département de l'Instruction publique (DIP)

Index par municipalités scolaires
> A à K, 1950 à 1967

M.75/9   Localisation :   4M00-6400A

Index de la correspondance reçue par le Département de l'Instruction publique (DIP)

Index par municipalités scolaires

    L à Z, 1950 à 1967

M.45/1   Localisation :   4M00-6401A

Index de la correspondance reçue par le Département de l'Instruction publique (DIP)

Index par noms de personnes et par sujets

    1879 à 1885

    1885 à 1890

    1891 à 1899

    1900 à 1910

    1910 à 1924

M.45/2   Localisation : 4M00-6402A

Index de la correspondance reçue par le Département de l'Instruction publique (DIP)

Index par noms de personnes et par sujets

    1925 à 1934

    1935 à 1949

M.45/3   Localisation : 4M00-15792

Index de la correspondance reçue par le Département de l'Instruction publique (DIP)

Index par noms de personnes et par sujets

    1950 à 1967

N.B. En guise d'exemple, soulignons que les sujets suivants se retrouvent dans l'index :

Arrêtés ministériels ;

Bureau central des examinateurs catholiques ;

Bureau central des examinateurs protestants ;

Circulaires du Surintendant ;

Construction d'écoles de colonisation ;

Comité catholique du Conseil de l'Instruction publique ;

Comité protestant du Conseil de l'Instruction publique ;

Écoles ménagères (enseignement ménager) ;

Érection en municipalités scolaires distinctes – Colonisation ;

Écoles normales (dossiers généraux) ;
Écoles normales (par écoles) ;
École Polytechnique ;
Fonds de pension des instituteurs et institutrices ;
Inspecteurs d'écoles (général et entrées à chaque inspecteur) ;
Inspecteurs d'écoles – aspirants ;
Scolasticats – Écoles normales ;
Secrétariat de la province.

Annexe C

Les rapports d'inspection manuscrits disponibles dans le Fonds du ministère de l'Éducation au Centre d'archives de Québec

(Versement 1960-01-032)

1895 : rapports des inspecteurs protestants seulement : dossier n° 1307.

1898 : rapports des inspecteurs catholiques : dossier n° 1333 [introuvable]/ rapports des inspecteurs protestants : dossier n° 146[9]7.

1899 : rapports des inspecteurs catholiques : dossier n° 1333 [introuvable]/ rapports des inspecteurs protestants : dossier n° 1469.

1900 : rapports des inspecteurs catholiques : dossier n° 600/ rapports des inspecteurs protestants : dossier n° 2076.

1901 : rapports catholiques : n° 1567/rapports protestants : n° 1567A.

1902 : rapports catholiques : n° 1575/rapports protestants : n° 1575A.

1903 : rapports catholiques : n° 1675 [incomplet]/rapports protestants : n° 1551.

1904 : rapports catholiques : n° 1334/rapports protestants : n° 1234.

1905 : rapports catholiques : n° 1400/rapports protestants : n° 1400A.

1906 : rapports catholiques : n° 1500/rapports protestants : n° 1500A.

1907 : rapports catholiques : n° 1700/rapports protestants : n° 1700A.

1908 : rapports catholiques : n° 1750/rapports protestants : n° 1750A.

1909 : rapports catholiques : n° 2200/rapports protestants : n° 2200A.

1910 : rapports catholiques : n° 2200/rapports protestants : n° 2200A.

1911 : rapports catholiques : n° 2400/rapports protestants : n° 2400A.

1912 : rapports catholiques : n° 2000 (Rapp. 1911-1912)/rapports protestants : n° 2000A.

1913 : rapports catholiques : n° 1900 (Rapp. 1912-1913)/rapports protestants : n° 1900A.

1914 : rapports catholiques : n° 1650 (Rapp. 1913-1914)/rapports protestants : n° 1650A.

1915 : rapports catholiques : n° 1700 (Rapp. 1914-1915)/rapports protestants : n° 1700A.

1916 : rapports catholiques : n° 1375 (Rapp. 1915-1916)/rapports protestants : n° 1200.

1917 : rapports catholiques : n° 1225 (Rapp. 1916-1917)/rapports protestants : n° 1225A.

1918 : rapports catholiques : n° 950 (Rapp. 1917-1918)/rapports protestants : n° 950A.

1919: rapports catholiques: n° 1050 (Rapp. 1918-1919)/rapports protestants: n° 1050A.

1920: rapports catholiques: n° 1025 (Rapp. 1919-1920)/rapports protestants: n° 1025A.

1921: rapports catholiques: n° 950 (Rapp. 1920-1921)/rapports protestants: n° 950A.

1922: rapports catholiques: n° 1100 (Rapp. 1921-1922)/rapports protestants: n° 1100A.

1923: rapports catholiques: n° 1125 (Rapp. 1922-1923)/rapports protestants: n° 1125A.

1924: rapports catholiques: n° 1100 (Rapp. 1923-1924)/rapports protestants: n° 1100A.

1925: rapports catholiques: n° 1025 (Rapp. 1924-1925)/rapports protestants: n° 1025A.

1926: rapports catholiques: n° 975 (Rapp.1925-1926)/rapports protestants: n° 975A.

1927: rapports catholiques: n° 975 (Rapp. 1926-1927)/rapports protestants: n° 975A.

1928: rapports catholiques: n° 1000 (Rapp. 1927-1928)/rapports protestants: n° 1000A.

1929: rapports catholiques: n° 750 (Rapp. 1928-1929)/rapports protestants: n° 750A.

1930: rapports catholiques: n° 825 (Rapp. 1929-1930)/rapports protestants: n° 825A.

1931: rapports catholiques: n° 1075 (Rapp. 1930-1931)/rapports protestants: n° 1075A.

1932: rapports catholiques: n° 825 (Rapp. 1931-1932)/rapports protestants: n° 825A.

1933: rapports catholiques: n° 650 (Rapp. 1932-1933)/rapports protestants: n° 651.

1934: rapports catholiques: n° 550 (Rapp. 1933-1934)/rapports protestants: n° 551.

1935: rapports catholiques: n° 675 (Rapp. 1934-1935)/rapports protestants: n° 676.

1936: rapports catholiques: n° 675 (Rapp. 1935-1936)/rapports protestants: n° 676 [manquant].

1939-1942: rapports catholiques. Versement 1960-01-032/64. (1939-1940 et 1941-1942)

1942-1943: rapports catholiques. Versement 1960-01-032/1696.

1944-1945: rapports catholiques. Versement 1989-05-004/83.

L'école, le programme et le manuel de français québécois du XXe siècle et son discours sur la langue d'ici : contribution à l'analyse d'un patrimoine linguistique sous surveillance

Monique Lebrun et Priscilla Boyer

Nous analyserons la langue enseignée au Québec dans nos écoles, de même que les programmes et manuels québécois de français du XXe siècle en faisant ressortir en quoi leurs auteurs ont pris position sur les caractéristiques mêmes de la langue française (québécoise). Ce qui nous intéresse, c'est de débusquer l'apport des manuels d'ici à la constitution d'un répertoire d'attitudes et de savoirs sur la langue d'ici. Notre compréhension du concept de « langue d'ici » couvre tant la langue parlée que la langue écrite, d'une part, tant la langue dite « courante » que la langue littéraire, d'autre part. En plus des manuels eux-mêmes, nous utiliserons leurs discours d'escorte (soit les programmes et les commentaires des spécialistes), de même que le paratexte que constituent les préfaces, afin de vérifier quelques intuitions concernant les prises de positions sociolinguistiques et pédagogiques des auteurs des manuels de français. Ces auteurs avaient des idées bien arrêtées sur la « pureté » de la langue, sur les modèles de textes littéraires à privilégier, de même que sur les caractéristiques de l'expression orale des Québécois.

LES NOTIONS DE PATRIMOINE IMMATÉRIEL ET DE NORME LINGUISTIQUE

D'entrée de jeu, nous reprendrons pour nos fins propres la notion de « patrimoine immatériel » telle que définie par l'UNESCO en septembre 2002 :

> Le patrimoine culturel immatériel constitue un ensemble vivant et en perpétuelle recréation de pratiques, de savoirs et de représentations, qui permet aux individus et aux communautés, à tous les échelons de la société, d'exprimer des manières de concevoir le monde à travers des systèmes de valeurs et des repères éthiques.

Ce patrimoine immatériel, très vaste, comprend, entre autres, la musique, les traditions orales et la langue. Il s'agit d'un patrimoine ethnologique intangible qui est le lieu d'expression d'une culture et le garant de son originalité intrinsèque. Un sondage de l'an 2000 (Léger et Léger) sur la perception de la notion de patrimoine place la langue en tête dans les valeurs patrimoniales :

> La langue est ce qui, aux yeux des Québécois, représente le mieux leur patrimoine. Un peu plus de sept répondants sur dix (71,4 %) ont retenu cet élément parmi ceux q ui leur ont été présentés. Notons aussi que bon nombre de personnes ont mentionné que l'histoire reflétait bien le patrimoine (57,7 %) alors que 26,6 % accordaient une priorité à l'architecture et 21,9 % aux œuvres d'art (p. 4).

Jour d'examen à la petite école, Archives nationales du Québec, cote P630, D14551, P13

Posséder sa langue, la manier avec habileté, en connaître les règles d'usage, voilà un patrimoine que les Québécois ont à cœur de transmettre, entre autres via cette institution de savoir qu'est l'école. Dès le début du régime anglais, nos ancêtres ont senti que leur langue était menacée et ont lutté pour leurs lois et leurs écoles françaises.

Dans un mémoire remarqué adressé aux États généraux sur la situation et l'avenir de la langue française au Québec, l'Union des écrivaines et écrivains du Québec (UNEQ) (2001) affirme sa position : « le français doit être considéré comme le premier bien patrimonial de la nation » (p. 2) et suppose à la fois « un devoir de mémoire et un effort d'invention » (*ibid.*). Nous faisons nôtres les propos de l'UNEQ, ainsi que nous le démontrerons, à travers l'histoire de l'usage de la langue française et de la littérature québécoise à l'école depuis un siècle. Nous parlerons de la langue comme code, comme outil de communication, mais également comme vecteur de l'héritage culturel commun, ce qui nous amènera à traiter de la place de la langue écrite, de la langue orale et de la littérature d'ici dans nos classes depuis un siècle.

Parler de la langue comme patrimoine sous-entend que l'on traitera de la norme linguistique. La norme, ou modèle linguistique auquel on doit se conformer, touche tout autant la prononciation que le vocabulaire et la morphosyntaxe. La norme prescriptive défend la pureté de la langue et son aspect « logique » et intangible. Elle se base sur des instruments (grammaires, dictionnaires) et touche davantage la langue écrite. La norme descriptive, pour sa part, tient compte de la variation, des registres de langue et considère beaucoup les apports de la langue orale à l'évolution du français. On parle également de norme exogène ou endogène, selon que le modèle vient de France ou est un modèle que le Québec a adapté à ses fins. Tenir compte du type de norme, à l'école, c'est donc parler de la fonction communautaire de la langue et de l'idéologie sous-jacente.

Notre propos sera divisé en trois parties. La première, couvrant la période 1900 à 1960, décrira un certain militantisme des élites face à la langue et la dénonciation d'un certain français « local ». La deuxième, qui couvre les années soixante, expliquera en quoi les prises de positions sociopolitiques de l'époque constituent un tournant. La troisième enfin, qui va de 1970 à nos jours, manifestera l'ouverture des Québécois aux questions relatives à l'aménagement linguistique et à la qualité de la langue.

PREMIÈRE PARTIE : LA « CROISADE » POUR LE FRANÇAIS, LA LUTTE CONTRE « L'ACCENT LOCAL », LA « MOLLESSE ARTICULATOIRE » ET LES « LOCUTIONS VICIEUSES » (1900-1960)

Nous aborderons ici cinq points, à savoir le militantisme des élites et des enseignants, l'importance de la diction, les pratiques scolaires relatives à la qualité de la langue orale, la défense de la qualité de la langue écrite et enfin le souffle patriotique de la littérature nationale.

Le militantisme des élites et des enseignants : les congrès sur la langue des sociétés de bon parler français

Depuis la conquête de 1760, les élites francophones ont craint pour la survie de la langue. L'école a donc été, surtout à partir de la 2ᵉ moitié du XIXᵉ siècle, une façon de défendre le français et de veiller à sa pureté. De nombreux manuels de français contiennent, jusqu'à 1960, des traces de cette attitude défensive. La Société du parler français au Canada a été mise sur pied en 1902 pour étudier la langue française au Québec et a accompli d'importants travaux terminologiques. Elle a organisé des congrès nord-américains en 1912, 1937 et 1952 où plusieurs enseignants ont pris la parole.

Ainsi, le congrès de Québec de 1937 dresse un panorama complet de la situation du français parlé dans les écoles. Selon l'inspecteur Miller, il y a eu progrès depuis 1912 chez les instituteurs et institutrices dans le domaine de la langue. Celui-ci est « très prononcé » dans les centres urbains depuis le premier congrès de 1912. Les institutrices religieuses et laïques « montrent plus de soif de savoir que les hommes et se piquent de mieux parler leur langue que ceux-ci » (p. 8). Le programme révisé de 1921, en vigueur en 1923, permet la fréquentation scolaire jusqu'à la 6ᵉ année. On a aussi créé les 9ᵉ, 10ᵉ et 11ᵉ année. L'importance du français n'en est que plus grande : « les plus âgés sont, en général, habitués à donner un résumé oral de leurs lectures, à raconter un événement historique, à relater un fait sans avoir à employer le mot du livre. Ils sont entraînés par les exercices de pensée et de langage à s'exprimer d'une façon convenable » (p. 8). Les récitations, en honneur surtout dans les couvents, apprennent aux élèves l'emploi des termes propres et leur enseignent une tournure plus élégante de la phrase. Les enseignants consacrent encore trop peu de temps aux exercices de vocabulaire et d'élocution.

Sœur Léandre de Séville (1938) répond pour sa part en fonction de la situation dans les couvents et écoles administrés par les Sœurs de la congrégation de Notre-Dame.

Dans les pensionnats, on a organisé des joutes de classes, de petits débats où les jeunes filles sont appelées à exposer leurs idées, sur des sujets choisis, et à les défendre. Des cercles d'études secondaires et post-scolaires, des séances littéraires groupent les élèves pour des travaux en commun. Ces réunions, est-il besoin de le dire, sont d'excellentes occasions pour le perfectionnement de la langue parlée. C'est, en effet, sur elle que porte une grande partie de l'attention. Une prononciation correcte, distinguée même, quoique sans recherche, est un élément indispensable de la formation, en même temps qu'un signe indiscutable de la culture (p. 20).

Elle évoque le fait que, à égalité de formation, les femmes parlent mieux que les hommes. Elle rajoute que les femmes ont toujours cultivé l'art de la conversation et que le français est la langue par excellence de la conversation.

Même son de cloche chez sœur Ste-Madeleine-des-Anges, pour laquelle le couvent canadien est un des éléments de la survivance nationale. En effet, rappelle-t-elle, les couvents possèdent des cercles de « parler français » :

Chez tous, on s'attaque à l'anglicisme, au terme impropre, au mot incorrect, pour faire triompher le bon langage ! On baptise les cercles de beaux noms canadiens et français : Cartier, Plessis, Papineau, Lafontaine [...] Les Martyrs canadiens, Jeanne d'Arc [...] Plusieurs cercles ont des devises claironnantes : « Jusqu'au bout ! », « Soyons distinguées », « Embellissons notre parlure », « Vivre et survivre », « Je me souviens ». Et pour stimuler l'ardeur des Membres de ces cercles on forme des Comités de régie, on élit des cheftaines, des directrices, des conseils, les membres tiennent des carnets de fautes, relèvent les erreurs, agitent des drapeaux et des fanions d'honneur pour secouer l'apathie et combattre la monotonie (p. 247).

Ces cercles ont également des préoccupations littéraires. L'auteure a relevé quelques initiatives en faveur de la pureté linguistique dans les couvents de neuf communautés : exercices de diction, lecture à haute voix, exercices de vocabulaire (à l'aide de l'ouvrage de l'abbé Blanchard), de correction linguistique (expressions fautives), causeries diverses (ex. : sujets littéraires), concours divers.

Si les religieuses se sentent en service commandé face à la langue, il en est de même des institutrices laïques, ainsi que nous le rappelle Cécile Rouleau (1938). Pour elle, l'institutrice fait un « travail de conservation et d'épuration de la langue française » (p. 399) : « Faut-il ignorer les nobles et constants efforts accomplis par l'institutrice canadienne-française pour perpétuer le travail des mères et faire de cette langue l'un des plus précieux éléments de notre richesse nationale » (p. 399). Le lien entre la langue, la patrie et les droits est très fort :

> Elle leur apprendra aussi à aimer leur patrie et à comprendre leur devoir de loyauté envers une langue qui, plus tard, devra défendre leurs droits [...] Il importe encore de convaincre l'enfant que sa langue est indissolublement liée à sa foi, que la perte de l'une serait la dissolution de l'autre ; enfin, que le meilleur moyen de se [...] faire respecter chez soi comme à l'étranger, c'est de parler et d'écrire correctement sa langue (p. 401).

Ses collègues institutrices de la ville de Québec et elle-même disent souhaiter des cours de diction par des spécialistes, des bibliothèques scolaires où se trouveraient des ouvrages de littérature canadienne-française, un encouragement aux auteurs qui « mettraient leur plume au service de l'enfance » (p. 403), aux revues pédagogiques canadiennes-françaises.

Qu'en est-il du côté des garçons ? Le père De Grandpré (1938) se plaint de la langue que l'enfant parle à l'entrée à l'école. C'est là que l'intervention éducative prend toute son importance.

> Ce qu'il faut, en effet, c'est que l'enfant sente chez l'instituteur l'amour de la patrie et de la langue ; cela n'exige ni grands discours ni tirades éloquentes, mais une âme qui vibre à la beauté de la langue et a le souci constant d'allumer cette flamme au cœur des enfants. Les devoirs bien choisis et bien préparés, les rédactions corrigées avec un grand soin et un profond respect de la langue, la lecture des belles pages à la portée des jeunes, tout cela fera de nos petits Canadiens de vrais patriotes et des chevaliers du français (p. 181).

L'auteur poursuit son envolée en disant que le français n'est pas seulement un « vêtement d'apparat », mais qu'il faut le bien parler même dans les moments de détente.

Nous voulons également parler du congrès de 1960 de l'Association canadienne des éducateurs de langue française (ACELF), car il marque vraiment la fin d'une époque pour ce qui regarde la façon de concevoir la langue parlée. Charles Bilodeau, officier spécial du Département de l'instruction publique, vient y expliquer que le programme prescrit la lecture à haute voix au cours élémentaire, ce qui permet à l'enseignant de porter attention à la prononciation de l'élève. De plus, dit-il, le programme inclut des notions élémentaires de phonétique à l'usage des maîtres. Le programme du secondaire « comporte des directives pédagogiques relatives à la phonétique et à la diction » (p. 21). On y suggère de mettre à profit les « occasions courantes d'appliquer les principes d'une bonne diction » : « la récitation simple et naturelle des prières de la journée, la lecture d'un passage du manuel d'histoire ou de géographie, l'énoncé d'une règle de grammaire ou de la donnée d'un problème, etc. » (p. 22). Il parle aussi du fait que l'enseignant fournit à l'élève des occasions de s'exprimer librement sur des problèmes d'actualité, un film, une émission de télé ou de radio, etc.

La commission de ce congrès portant sur les écoles élémentaires présente quelques statistiques qui se dégagent de l'enquête menée dans ces écoles : 38 % font des concours d'art oratoire ; 32 % ont des cercles de bon langage ; 70 % ont des « compositions orales » (!) ; 17 % utilisent un manuel de diction ; 12 % ont un professeur de phonétique et de diction. On recommande d'éveiller les parents à la qualité de la langue orale, de « réveiller » les enseignants et d' « exiger d'eux un langage soigné partout et toujours » (p. 35) ; de réveiller la fierté nationale des élèves (leur faire voir la beauté du français) ; que des points soient alloués dans le bulletin au français oral (la moitié des écoles disent le faire).

La commission portant sur les écoles secondaires explique la situation prévalant à la Commission des écoles catholiques de Montréal (CECM) : « depuis 1946, la CECM consacre la majorité de ses mots d'ordre à la langue parlée » « distinction dans le langage », « Pour apprendre à parler, il faut parler » (p. 47). On mentionne les émissions de CKAC sur la langue parlée et on dit que *La Presse* en publie les textes dans ses pages. Le programme de 1957 entrant en vigueur pour les 8e et 9e année oblige à « réserver au français parlé sa juste part », intègre l'étude de la phonétique à la classe de français et prévoit les discussions orales en classe. On prévoit également des activités dirigées d'art oratoire. La Société du Bon parler français tient des ralliements annuels dans une dizaine de centres importants de la province ». La Fédération des sociétés St-Jean Baptiste du Québec organise également un concours provincial de langage. On mentionne que « Le magnétophone est entré dans presque la moitié des écoles secondaires de la province [...] ce miroir de la parole est le point de départ du progrès personnel en forçant la prise de conscience salutaire

[…] il permet l'éducation de l'oreille… »[1]. La commission fait quelques recommandations générales : enseigner le français international sans négliger les canadianismes de bon aloi ; et, à la fin de l'année, faire passer au moins un examen oral contrôlant la qualité de la langue parlée à tous les degrés de l'école publique, élémentaire et secondaire.

On s'est également penché sur les écoles de diction durant le congrès. Sans qu'on puisse alors le prévoir, celles-ci sont alors en déclin. Ces écoles sont surtout dans les centres urbains. Elles ont formé de bons spécialistes pour la radio et la télévision ; mais, à part cela, leur influence fut de peu d'importance. Le professeur de diction dans les écoles voit généralement son influence diminuée par les enseignants eux-mêmes et par des cours trop brefs. Certains professeurs de diction manquent même de formation. « Quant à savoir si nous devons parler le français de France ou le français canadien, 43 institutions optent pour le français canadien et 13 pour le français de France ; 10 affirment qu'il n'existe qu'un seul français » (p. 88). La commission est d'avis que la norme à respecter est celle du français international. Quant aux variantes phonétiques, elles sont acceptables en autant qu'elles ne causent aucun préjudice à la clarté de la communication et au bon langage (p. 88). On recommande d'une façon expresse que la correction du langage soit une condition essentielle d'admission à l'école normale et que la note de bon langage soit éliminatoire pour l'obtention d'un brevet d'enseignement, au même titre que la note de personnalité.

Nous avons longuement parlé des congrès portant sur la langue française, car ils traduisent l'évolution des enjeux sociolinguistiques pour la période concernée. Nous reviendrons maintenant aux associations de défense du français, dont, au premier chef, La Société du Bon parler français, le pendant scolaire de la Société du parler français au Canada précédemment nommée. Elle s'est créée en 1923 et a veillé à l'« épuration de la langue » dans les écoles durant toute la période (19 000 membres en 1937). Elle a aussi tenu des congrès, distribué des prix de bon langage, fustigé les anglicismes. Selon les mots de son fondateur Jules Massé (1938), la Société désirait « contribuer à l'épuration du langage chez les futurs instituteurs » (p. 51) et également « travailler à la survivance de la langue française, en terre canadienne et en Amérique française, en sauvegardant, par le bon parler populaire, l'unité future du verbe ancestral » (p. 51).

---

1. Les laboratoires ainsi créés ne dureront qu'une décennie, le programme cadre venant mettre un terme aux exercices de diction sous-jacents à l'utilisation de tels laboratoires.

Massé était convaincu de la justesse de sa cause, soit l'art de bien parler :

> Nous nous évertuerons [...] à convertir à notre cause toutes les classes de la société, car nous estimons que la parole n'est pas un art simplement pratique ; nous prétendons que la conception utilitaire, américaine, de la parole flétrit depuis trop longtemps notre langue. Non, l'art de parler est le plus noble, le plus délicat, le plus intellectuel, le plus humain des arts et partant, le plus digne de devenir populaire et national (p. 57).

Avant-gardiste, il déplorait qu'on ne considère pas la grammaire comme un tremplin vers l'expression orale correcte.

L'importance de la diction : manuels de diction et écoles de diction

De nombreux spécialistes ont fait paraître des ouvrages de bonne prononciation, surtout utilisés dans le monde scolaire, entre 1900 et 1960. L'ouvrage de Colonnier (1901), *Méthode d'élocution et de déclamation*, approuvé l'année suivante par le Conseil de l'instruction publique, fait figure de pionnier. Pour l'auteur, la diction comprend la prononciation, la ponctuation, les silences, les inflexions, les liaisons, la quantité prosodique ; en second lieu, elle touche la culture de la voix, le ton, l'expression, le naturel et le geste artistique.

On ne saurait trop souligner l'importance de l'ouvrage de l'abbé Blanchard, *Bon langage*, dans la formation des normaliens et enseignants de français pendant plus d'un demi-siècle. Dans la préface, l'auteur dit se situer dans le contexte du mouvement en faveur du Bon Parler. Il conseille à l'enseignant de faire étudier aux élèves quelques pages de son ouvrage chaque semaine en les leur commentant. Autre ouvrage du même type, *Le manuel de prononciation française* du père Hudon (1931), où l'auteur se fait le vaillant défenseur de notre idiome. L'auteur affirme que les Canadiens n'ont pas d'accent, mais souligne leur mollesse d'articulation. Son traité désire donc y remédier en offrant des exercices de prononciation.

On connaît bien l'œuvre de linguiste d'Adjutor Rivard. Ce que l'on sait moins, c'est que son *Manuel de la parole* (1928) a eu un assez fort impact dans le monde de l'enseignement. L'ouvrage présente des exercices de diction et d'art oratoire. Selon lui, et il fait là preuve de largeur de vue à une époque où l'on est prompt à condamner l'accent local, « une langue ne doit pas rester stationnaire ; vouloir l'immobiliser, la fixer, c'est préparer sa décadence » (p. 6). Rivard précise que nous parlons comme il y a deux siècles, mais que nous avons fait subir aussi à notre langue des « altérations phonétiques » (p. 8), tout en conservant de « vieilles prononciations » (p. 8). Parmi celles-ci, certaines mériteraient « de ne pas être oubliées » (p. 8). Beaucoup les condamnent.

> Cependant, nous devrions avoir pour elles, il nous semble, tout en les condamnant, le respect qu'on éprouve pour certaines antiquités nationales, souvenirs d'un passé glorieux ; comme des ruines anciennes qui racontent l'histoire de nos commencements, notre prononciation d'un autre âge accuse notre origine bien française (p. 9).

Par ailleurs, mentionnons la floraison des écoles de diction, essentiellement tenues par des dames formées dans les meilleurs couvents et universités et enseignant également comme spécialistes dans les écoles régulières : c'est le cas d'Idola Saint-Jean (1917) et de ses *Récitations enfantines* (préface de E. Montpetit) ; c'est également le cas de Berthe Gagnon (1946) et de son *Sans cailloux*. Tous ces ouvrages ont des « discours d'escorte » (essentiellement des préfaces) vantant le précieux héritage légué par la France, déplorant la « persécution » subie par l'Anglais, appelant à la « résistance » et à la « souffrance pour sa langue ». La pureté linguistique y est présentée comme un devoir national.

Quelques pratiques scolaires relatives à la diction, à la lecture expressive (oralisée) et à la mémorisation

Nous avons choisi, en guise d'exemples, les manuels de Magnan, ceux des Frères des Écoles chrétiennes (FEC) et ceux des Sœurs de la Congrégation de Notre-Dame (CND). Les manuels de Magnan, utilisés à la fin du XIXe siècle et au début du XXe siècle, illustrent une tendance de fond des manuels québécois au moins jusqu'à la Révolution tranquille, soit celle de faire articuler l'élève par tous les moyens, que ce soit au cours élémentaire, au cours moyen ou au cours supérieur. Ainsi en est-il des remarques et conseils liminaires que donne l'auteur aux enseignants (Magnan, 1912) : « En général, nous sommes plus souvent appelés à parler qu'à écrire ; il est donc de la plus haute importance de multiplier les exercices oraux (p. IX). Il conseille vivement la mémorisation. Il s'adresse également aux élèves directement : « L'art de lire. Il est difficile de bien lire. Qui possède l'art de lire correctement sait déjà bien réciter. Rien de plus utile que de savoir bien lire dans nos sociétés démocratiques. » (p. XIII). L'auteur donne des conseils pour bien lire, dont le port de tête droit, l'articulation nette : « Articulez nettement, c'est-à-dire, faites entendre distinctement toutes les syllabes des mots […]. Donnez aux voyelles le son et la durée acceptés par le bon usage. Évitez l'accent local, s'il y a lieu. » (p. XII et XIII).

Presque tous les manuels des Frères des Écoles chrétiennes (FEC) et des Frères de l'Instruction chrétienne (FIC) publiés durant la première moitié du XXe siècle comportent une partie sur la phonétique et la prononciation (ex: mots difficiles à prononcer issus du texte à lire et dont on nous fait une liste au début de la leçon; exercices de prononciation). Les livres du maître, surtout des FEC, comprennent des « éléments de phonétique ». Dans un manuel de langue française à l'usage du cours supérieur publié en 1921, les Frères des Écoles chrétiennes énoncent leur credo dès la préface.

> Un bon maître profite de toutes les occasions que lui fournissent les exercices de conversation avec ses élèves pour leur donner l'exemple de la pureté et de la dignité du langage, et pour corriger les fautes qu'ils commettent en parlant. [...] En veillant à ce que, dans l'école, nulle faute contre la langue ne soit commise sans être relevée, on place tous les élèves, pendant plusieurs heures chaque jour, dans un milieu dont l'influence favorable ne peut manquer de se faire sentir sur leurs manières d'exprimer leurs pensées (p. 1).

L'ouvrage comprend des règles de grammaire, des dictées (littéraires ou non), des exercices de phonétique, des notions de stylistique, des textes à expliquer (dont le « Notre langue », de Chapman), des exercices de phraséologie et de style, des exercices de rédaction (narrations, descriptions, lettres), des « exercices d'invention », des exercices pour rédiger des plans divers, des listes de racines, etc.

L'ouvrage des Frères des Écoles chrétiennes (1932) destiné à la fin du primaire présente entre autres le texte « La langue française » d'Oscar Dunn (1845-1885) qui parle de la langue française comme d'un joyau: « C'est un diamant d'un prix inestimable; c'est une œuvre d'art travaillée par les siècles, d'une beauté à nulle autre pareille. [...] elle ne se donne qu'à celui qui sait la vaincre par un labeur persévérant et une longue constance » (p. 295). Pour l'auteur du manuel, l'idée principale du texte est que Dunn veut inspirer l'estime de la langue française et faire prendre la résolution de l'étudier avec une longue constance. On fait faire le plan du texte, on fait définir quelques mots et expressions, on demande de retrouver le passage du texte disant telle idée, on fait travailler les synonymes et les familles de mots et enfin, on demande d'apprendre le texte par cœur.

Le manuel des FEC de 1938 à l'usage des plus jeunes élèves reprend le souci de la diction et d'une bonne articulation exprimés précédemment. Ainsi, p. 54, on fait lire à l'élève un texte (non signé) intitulé: « Les cerises », contenant beaucoup de sons « i »; on fait précéder le texte de cette remarque: « Prononcez bien les « i » (lèvres écartées comme pour rire, serrées sur les gencives et langue bombée) : cerises, visite, cuisine, confiture, appétissante, lui, disait, petite, fille ». Les apprentissages se poursuivent au secondaire ainsi que le démontre le manuel des FEC (1940) en usage en 8ᵉ et 9ᵉ année. Dans la préface, p. 3, on mentionne l'importance de ce qu'on appelle la « lecture matérielle » (prononciation, articulation, pureté du son, accentuation, pauses). L'ouvrage est conçu de telle sorte que l'on donne, pour chacun des textes à l'étude, des éléments touchant la diction et la prononciation. En consultant la table des matières, on voit que, au fil des mois, les élèves apprennent la respiration, les enchaînements, les tonalités, les mots de valeur, l'articulation, etc., et que chacun des sons du français est passé en revue.

Le manuel des religieuses de la Congrégation de Notre-Dame paru sous le titre *Lecture à haute voix. Lectures et récitations précédées d'une Étude théorique et pratique de la prononciation française* a connu plusieurs rééditions, de la fin du XIXᵉ siècle jusqu'aux années trente. La préface de l'inspecteur J.-G.-W. Mc Gown (édition de 1898) énonce la nécessité d'apprendre à bien réciter et de pourchasser impitoyablement les « vices de prononciation ». L'ouvrage *Cours de langue française rédigé d'après la méthode analytique. Cours supérieur*, publié en 1913, reconduit ce plaidoyer pour une langue pure.

> Notre langue à nous, c'est la langue française. Nous avons reçu en héritage une des plus belles langues du monde, et dans son ensemble, nous l'avons conservée intacte. Le français qui se parle dans nos campagnes du Canada n'est nullement un patois. Au XVIIᵉ siècle, on parlait depuis longtemps le français et non le patois dans les provinces du nord et du centre de la France, d'où sont sortis presque tous les ancêtres du peuple canadien. C'est donc le français et non un patois qu'ils ont apporté au Canada et qu'ils nous ont transmis (p. 7).

La préface se situe dans la droite ligne de l'apologie nationale. On imite pour ce faire un texte attribué à Tardivel : « Aimons et respectons notre langue française, ne craignons pas de la parler en toute circonstance. La langue française, c'est notre drapeau national. C'est elle qui fait que nous sommes une nation distincte sur cette terre d'Amérique et que l'hérésie a si peu de prise sur nous » (p. 8). La leçon 1, qui fait suite à ces notions préliminaires, revient sur les notions de langue et patois et sur le fait que les Canadiens français ne parlent que le français, pas le patois :

> À part quelques rares vocables qu'ils ont créés pour désigner certains objets qui n'existent pas en France, les Canadiens n'ont rien inventé en fait de mots et d'expressions ; et avec un peu de patience, un peu

de recherches, on pourrait retrouver presque tous les mots dont les Canadiens se servent, et même presque toutes les fautes qu'ils commettent, signalées dans quelque vieux dictionnaire de telle ou telle partie de la France, ou même dans les dictionnaires modernes complets (p. 9).

La créativité lexicale du peuple est soulignée : « Il est à remarquer que les rares mots de création vraiment canadienne, sont généralement des mots gracieux, expressifs, pittoresques et dignes d'être conservés » (p. 14).

L'édition de 1918 de *Lecture à haute voix* contient un Avertissement sur la nécessité du travail de rééducation phonétique :

Nous supposons donc que l'élève s'est appliqué à se débarrasser de ses défauts de prononciation ; qu'elle [sic] a, de plus, essayé de faire acquérir aux organes articulateurs – langues, lèvres, gosier – la souplesse en même temps que la fermeté requises pour rendre très nettement toute émission de voyelle ou de consonne. Mais ce travail de correction suppose chez l'élève plusieurs années d'application ferme et persévérante, c'est pourquoi nous avons trouvé bon de poursuivre encore, dans ce manuel, cinquième et sixième années, l'étude mécanique de la lecture ; étude à laquelle il faut revenir toujours, jusqu'à ce que l'habitude du « beau parler » du parler correct, net et distinct soit passée dans le langage meme (p. 1).

Dans l'édition de 1933, une préface adressée aux élèves assimile la recherche de la pureté de la langue à un devoir national.

C'est à vous, jeunes élèves, que ce manuel est dédié. Puissiez-vous le si bien étudier qu'il devienne pour vous comme un Catéchisme dont les enseignements vous seront sans cesse présents. De longues années de négligence ont laissé s'établir parmi nous des fautes qui envahissent presque tous les sons de notre langue. [...] C'est l'heureux privilège de votre âge d'avoir l'oreille fine, la mémoire tenace, et les organes de la parole merveilleusement souples. Profitez de ce printemps de la vie si vite évanoui pour vous former au beau langage. Assez tôt viendront les années où les sens commenceront à s'émousser un peu, et où les fautes trop longtemps ménagées sont difficiles à déraciner (p. 5).

Les derniers ouvrages publiés par des clercs et portant sur la langue parlée, à l'aube de la Révolution tranquille, sont ceux de Boulet et ses collègues (1962 et 1963). Il s'agit de leçons sur l'art de bien lire à voix haute. Dans l'édition de 1963, on a annoté les textes à lire avec des traits indiquant les pauses, afin de créer un rythme de lecture adéquat ; on y sent l'influence de Gendron, linguiste de l'Université Laval. L'ouvrage de 1962 ne comporte cependant pas de textes marqués avec ses pauses pour la lecture. Cependant, on y mentionne des exercices qui doivent être faits au «laboratoire».

La lexicographie prend son envol. Cajolet-Laganière et Martel (1996) notent que vers 1880 :

> [...] quelques auteurs, tout en poursuivant un but d'épuration de la langue, ajoutent le souci d'une description de la langue réellement utilisée ici. Certains se font les défenseurs du droit des Québécois et des Québécoises d'utiliser leurs particularités langagières à l'oral, et parfois à l'écrit, si cela est nécessaire pour exprimer des réalités difficiles à décrire avec les mots du français de Paris (p. 23).

En voici quelques-uns. Oscar Dunn (1880) présente dans son ouvrage *Glossaire franco-canadien et vocabulaire de locutions vicieuses usitées au Canada, Québec* 1750 articles sur les archaïsmes, dialectalismes du FQ. C'est l'ouvrage fondateur de la lexicographie québécoise, malgré sa vision puriste. Sylva Clapin publie en 1894 son *Dictionnaire canadien-français* ou *Lexique-glossaire des mots, expressions et locutions ne se trouvant pas dans les dictionnaires courants et dont l'usage appartient surtout aux Canadiens français*. L'auteur y définit 4 136 mots classés comme étant des archaïsmes, dialectalismes, mots français à sens canadien, mots nouveaux créés au Canada, quelques anglicismes et amérindianismes. Dans *Le parler populaire des Canadiens français*, Narcisse-Eutrope Dionne (1909) présente 15 000 mots et expressions de chez nous. La Société du parler français au Canada fait paraître en 1930 son célèbre *Glossaire du parler français au Canada*. L'ouvrage résulte des travaux de compilation de la Société (fondée en 1902 par, entre autres, A. Rivard et l'abbé Stanislas-A. Lortie, archiviste du séminaire de Québec) durant une vingtaine d'années à la suite d'une enquête par correspondance auprès d'observateurs amateurs. C'est un «monument» de la lexicographie québécoise. La Société publie également dès 1902 le *Bulletin du parler français au Canada*. Ce bulletin sera remplacé en 1918 par la revue le *Canada français*. Les gens de la Société valorisent les canadianismes qu'ils jugent utiles à notre langue littéraire et à l'expression de nos réalités. Ils luttent également contre les anglicismes, surtout dans le Bulletin. Ils fondent des cercles du parler français dans les écoles et collèges. On leur doit trois congrès de la langue française : 1912, 1937 et 1952.

Une littérature nationale en service commandé

Poser la question de la présence grandissante de la littérature québécoise à l'école, c'est affirmer la construction de l'identité nationale par
les textes. Dès le début du XXᵉ siècle, Camille Roy réclame la nationali-
sation de la littérature canadienne. Il ne fait ici que reprendre un vieux
débat qui a occupé avant lui Octave Crémazie et l'abbé Casgrain, à la fin
du XIXᵉ siècle. Roy se sentant investi d'une mission pédagogique à partir
de la parution de son *Manuel d'histoire de la littérature canadienne*
(1918), il analyse avec minutie et sans préjugé colonialiste les œuvres
canadiennes-françaises. Les petits ouvrages de Camille Roy (ex : *Manuel d'histoire de la littérature canadienne*, 1918, et *Morceaux choisis
d'auteurs canadiens*, 1934) sont approuvés officiellement et utilisés à
la fois par l'enseignant et par les élèves. Les auteurs de manuels vont
s'inspirer durant un demi-siècle de ces ouvrages et donner une place
de plus en plus importante à la littérature du crû.

Ainsi, les Sœurs de Sainte-Anne proposent dans leurs divers ouvrages une définition de la littérature nationale : « Par littérature
canadienne-française, on doit entendre l'ensemble des ouvrages écrits
par des Canadiens-français de naissance ou d'adoption, où s'expriment
des idées portant sur des sujets canadiens ou étrangers, mais parés
d'images et de sentiments [sic] canadiens-français » (1944, p. 319).

Magnan n'a pas attendu les remarques de Roy avant de se poser la
question de l'inscription de textes canadiens français dans ses manuels.
Déjà, en 1902, on retrouve, dans la préface de l'un de ses manuels
destinés au cours supérieur, des remarques à cet effet : « Aux vénérables
figures qui ont embaumé du parfum de leurs vertus l'atmosphère de la
Nouvelle-France : Mᵍʳ de Laval, Mère de l'Incarnation, Sœurs Bourgeoys
et d'Youville, nous avons consacré, comme il convient, de nombreuses
pages dans ce volume » (p. X). Il promet à ses jeunes lecteurs des
émotions patriotiques.

> Vos cœurs se serreront d'angoisse au récit des tortures infligées par de
> féroces sauvages aux apôtres Jogues et de Brébeuf ; vos jeunes cerveaux
> frémiront d'un orgueil légitime en lisant les exploits étonnants de
> Jolliet et Marquette, d'Iberville, de La Salle et de Montcalm, etc. ; de
> Maisonneuve vous apparaîtra au berceau de Ville-Marie le front ceint
> d'une auréole de vertus chrétiennes et civiques ; sir Lafontaine restera
> célèbre par ses luttes pour (la) défense de sa langue et des droits de
> ses compatriotes ; le cardinal Taschereau et Mᵍʳ Bourget, à côté de
> Mᵍʳ Plessis, laisseront dans votre mémoire le souvenir de leur piété, de
> leur courage et de leurs travaux pour l'Église et la société (p. XI).

L'auteur mentionne qu'il a cru bon de faire une large place aux poètes canadiens, soit Crémazie, Fréchette, Routhier, Lemay, Legendre, Chapman, etc. « Il est bon que l'on prouve qu'il y a des poètes en dehors de la France » (p. XI).

Les manuels de l'époque présentent généralement un mélange équilibré d'auteurs français et « canadiens » (on ne dit pas encore québécois). Pour ce qui est des auteurs du crû, on en est fier : « Le présent manuel est riche d'extraits puisés dans nos meilleurs auteurs et d'illustrations portant un caractère national ; nous avons désiré par là témoigner notre vif désir que l'enseignement même de la langue devienne une leçon de patriotisme en développant l'amour de la patrie canadienne », disent les CND dans la préface d'un manuel de 1913 (p. VI). On peut véritablement parler de panthéon littéraire franco-canadien dont les meilleurs auteurs reviennent à satiété : Garneau, Crémazie, Fréchette, Le May.

Les Frères des Écoles chrétiennes publient, dès 1921, la première version de leur célèbre manuel *Lectures littéraires*, qui restera en usage, sous diverses formes, jusqu'à la fin des années soixante. Ils y énoncent leur parti-pris pour la littérature canadienne-française :

> La plupart des auteurs français et canadiens figurent dans nos extraits et, en général, par un ou plusieurs fragments remarquables de leurs œuvres. Il va sans dire qu'une large part a été faite aux écrivains catholiques, sans toutefois écarter certains autres qui, ne partageant pas nos croyances, ont cependant acquis une juste réputation littéraire (p. VI).

Les textes à saveur nationaliste abondent, ainsi, « Le droit à sa langue maternelle », de Mgr L.-A. Paquet, extrait de *Études et appréciations*, dont la thèse est que la langue et la race sont liées. Respecter et parler la langue de ses ancêtres est voulu par Dieu. [...] « la langue maternelle est le dernier asile où se réfugie la patrie mutilée (p. 661). Suit « Une revendication de nos droits », de Henri Bourassa, réponse à Mgr Bourne, évêque de Westminster, qui, lors du Congrès eucharistique de Montréal, en 1910, prétendit, à l'égal des catholiques anglophones, que le progrès du catholicisme au Canada exigeait son adhésion à la langue de la majorité, soit la langue anglaise. La thèse de Bourassa est que « La meilleure sauvegarde de la foi, c'est la conservation de l'idiome dans lequel, pendant trois cents ans, (nos ancêtres) ont adoré le Christ » (p. 677). On y inclut également le célèbre poème « notre langue », de Chapman, qui se retrouve dans plusieurs anthologies et manuels de l'époque.

Dans l'édition de 1945 de *Lectures littéraires*, les auteurs s'en tiennent toujours à des écrivains qu'ils passent au crible de l'orthodoxie religieuse : « Il va sans dire qu'une large part a été faite aux écrivains catholiques, sans toutefois écarter certains autres, qui, ne partageant pas nos croyances, ont cependant acquis une juste réputation littéraire » (p. VI). Encore une fois, langue et idéologie religieuse sont liées : « Nous serions satisfaits si nous avions allégé quelque peu (la) tâche (du professeur), contribué à développer chez ses élèves le goût des lectures saines et fortifiantes, fait aimer davantage encore ces deux choses déjà si chères à tout vrai Canadien-français : la foi chrétienne et sa langue maternelle » (p. VIII).

Dans leur manuel de littérature publié pour le cours complémentaire en 1923, les Frères du Sacré-Cœur divisent les explications concernant chaque genre littéraire en deux parties : les auteurs canadiens et les auteurs français. Ainsi, pour les auteurs historiens, ils mentionnent l'abbé Ferland, F.-X Garneau, P. A. De Gaspé, Casgrain, Chapais, Groulx, etc. Pour le roman, ils mentionnent Chauveau, De Gaspé, Gérin-Lajoie, Boucher de Boucherville, Marmette, Napoléon Bourassa, Tardivel, Conan, Routhier, Faucher de Saint-Maurice. L'ouvrage tient compte du genre « didactique », qui comporte quatre sous-genres : les manuels de classe, les ouvrages de religion, de sciences et de belles-lettres, les ouvrages moraux (dont les ouvrages de maximes, les lettres) et enfin les ouvrages de critique. Vient ensuite le genre oratoire, comprenant l'éloquence sacrée, politique, judiciaire et académique, ou d'apparat. Le manuel de la même communauté publié en 1930 et s'adressant aux élèves de 8ᵉ année contient beaucoup de textes à saveur nationaliste, dont le « Respectons notre langue », de Victor Barbeau (p. 50), tiré de *Pour nous grandir*.

En conclusion à la période 1900-1960, on peut affirmer qu'il y a triomphe du prescriptivisme tant à l'écrit qu'à l'oral, centration sur les fautes et désir de les corriger au nom d'un héritage lourd à porter.

DEUXIÈME PARTIE : LES ANNÉES SOIXANTE, L'ÉLECTROCHOC SALUTAIRE ET LA MISE EN ŒUVRE D'UNE RÉFORME TOUS AZIMUTS CONCERNANT LA PERCEPTION DE LA NORME ET DE L'HÉRITAGE LINGUISTIQUE ET CULTUREL

Rappelons brièvement le contexte. Le Québec vit sa « révolution tranquille », soit d'importantes mutations politiques et sociales, avec l'arrivée au pouvoir de l'équipe libérale de Jean Lesage, qui met fin à des décennies de duplessisme. En 1961, le gouvernement fonde l'*Office de la langue française*, qui créera des outils (lexiques, banques terminologiques) susceptibles de faciliter la planification linguistique. Éventuellement, il mettra sur pied le *Conseil de la langue française*. Le ministère de l'Éducation est mis sur pied en 1964. Au fédéral, le rapport de la Commission Laurendeau-Dunton, (1963) sur le bilinguisme et le biculturalisme conclut que les Québécois francophones sont une collectivité économique inférieure. La Commission Gendron sur la situation de la langue française et des droits linguistiques au Québec (1969) rend son rapport en 1972 et conclut que le français est encore perçu par les Québécois comme une langue de colonisés et l'anglais, comme la langue de l'intégration des immigrants.

Nous diviserons notre propos en trois parties : le choc dû aux *Insolences du Frère Untel*, la Commission Parent et enfin les programmes cadres dans l'enseignement.

La diatribe du Frère Untel

En 1959, un modeste frère enseignant, Jean-Paul Desbiens, surnommé Frère Untel, fait paraître des lettres vitrioliques sur la situation de l'enseignement au Québec, d'abord dans *Le Devoir*, puis aux éditions de l'Homme. On en retient surtout sa virulente attaque contre la langue enseignée à l'école et parlée par les jeunes.

> Nos élèves parlent joual, écrivent joual et ne veulent pas parler ni écrire autrement. Le joual est leur langue [...] Le vice est donc profond : il est au niveau de la syntaxe. Il est aussi au niveau de la prononciation. [...] Le joual ne se prête pas à une fixation écrite. [...] Cette absence de langue qu'est le joual est un cas de notre inexistence à nous, les Canadiens français [...] Notre inaptitude à nous affirmer, notre refus de l'avenir, notre obsession du passé, tout cela se reflète dans le joual, qui est vraiment notre langue (p. 24 et 25).

Le digne Frère souligne que les élèves parlent joual parce qu'ils pensent joual. Selon lui, les campagnes de *Bon parler français* sont inutiles. Ce qu'il faut, c'est civiliser les jeunes et toute la société québécoise en contrôlant le langage des médias, en fustigeant tout fonctionnaire ou enseignant parlant mal, en surveillant l'affichage, en créant un Office provincial de la langue, en s'alignant sur le français de France, tout en préservant nos particularismes.

À l'époque où le Frère Untel tonne contre le joual, la revue *L'Enseignement primaire* consacre plusieurs de ses pages à la langue parlée dans nos écoles. Nous en relèverons ici quelques exemples intéressants, qui complètent bien le diagnostic de Untel. Bergeron (1960), linguiste et directeur d'école, commente la dernière édition du programme de français du primaire. Ce programme présente à l'intention des enseignants quelques notions de phonétique. « Au moment où on déplore partout la pauvreté du langage parlé et où s'entreprend une campagne générale d'épuration et d'amélioration, de solides connaissances en phonétique sont nécessaires à tous » (p. 132). L'auteur conseille à l'enseignant de s'en servir pour préparer ses leçons de lecture.

Le frère Jules-Émile (1960) appelle, quant à lui, la pauvreté de la langue écrite et orale des écoliers québécois une « dépravation » (p. 45). Selon lui, l'apprentissage de la grammaire vise plus le français écrit que le français oral. Quant à Laferrière (1960), professeur à l'École normale Jacques-Cartier, il affirme la valeur de l'élocution dans l'enseignement du français au primaire. Selon lui, les premiers rudiments de la langue apprise au foyer sont « le premier obstacle grave à l'enseignement normal de la langue maternelle » (p. 727). Durant les premiers mois de classe, il faut exercer l'élève à la parole, par des jeux dirigés. C'est également une erreur d'accorder à l'écrit, au primaire, la presque totalité du temps consacré à l'apprentissage du français.

Le père Giroux (1963) constate que le Québec mène depuis trois ans une « saine croisade » contre le parler joual. L'auteur voit trois dangers à l'école : « la vulgarité, la négligence invétérée, le respect humain » (p. 616). Pour lui, bien parler est une affaire de volonté. Il rappelle les luttes pour la langue. « La langue pour laquelle tant de luttes ont été soutenues, c'est l'authentique langue française [...] Ce ne serait certes pas cette langue déchue, abâtardie et dégénérée pour ne pas dire prostituée qu'on écoute trop souvent hélas ! dans la bouche de notre bon peuple, et surtout de nos étudiants » (p. 617). Et ici, l'auteur évoque la langue de Racine, Hugo, Lacordaire, Veuillot, Papineau, Laurier, Roy.

> Nous qui avons toujours été si fiers de notre parlure française au cours de notre histoire, nous serions bien humiliés qu'on nous dise que nous la parlons moins bien que les nègres des anciennes colonies françaises d'Afrique qui ont été instruits dans la langue de France et qui s'expriment avec une correction et une élégance toutes françaises (p. 617).

Le devoir national doit jouer : « Un autre argument, c'est notre vocation française en Amérique. Nous du Québec, ne sommes-nous pas, par nos origines et notre situation, les gardiens de la langue et de l'esprit français sur l'immense continent nord-américain ? (p. 617). Afin d'inciter les élèves du secondaire à bien parler, le Frère leur suggère de s'appliquer à l'école, en famille, avec leurs camarades, de noter une faute précise et de la pourchasser jusqu'à disparition complète, de surveiller le langage de ses camarades, de s'inscrire dans un cercle de bon parler français, d'écouter des émissions consacrées à la langue (ex : *La langue bien pendue*).

Laurence, l'un des premiers linguistes québécois à rédiger une grammaire scolaire dans les années cinquante, explique que nous parlons un français différent : « Au Canada français, le contact de l'anglais, l'influence américaine, l'éloignement de la France, les conditions physiques et sociales du milieu géographique tendent à différencier notre langue du français officiel » (1960, p. 30). Pour lui, nous ne pouvons créer nous-mêmes notre propre norme :

> Notre situation numérique nous interdit, à ce moment de notre évolution, de songer à l'autonomie linguistique complète, c'est-à-dire à l'élaboration d'une langue canadienne spécifiquement distincte de la langue française, notre langue maternelle, l'une des grandes langues de civilisation du monde moderne (p. 30).

Nous devons donc être vigilants, nous aligner sur la prononciation de la France et « exercer une surveillance particulièrement attentive pour maintenir chez nous la norme du français officiel en corrigeant les écarts de prononciation qui dépassent les variantes normales » (p. 30). L'auteur tient le même langage dans l'édition de 1967, parlant de la menace de l'anglais ; cette édition contient pour la première fois une section de phonétique corrective.

Quant à Jasmin (1960), professeur à l'École normale Jacques-Cartier, il est profondément convaincu de la nécessité de faire une place importante à la littérature canadienne à l'école, en cessant de parler de la pauvreté de nos lettres par rapport aux lettres françaises.

> Il est bien sûr que, dans l'ordre de la pureté littéraire, une littérature qui dure depuis neuf siècles écrase une littérature qui exprime encore maladroitement les réalités intérieures et extérieures qui nous définissent ; cependant, ce point de vue idéaliste et formaliste doit être abandonné au profit d'une vue réaliste. [...] L'éducation première se doit faire surtout par la volonté d'un peuple ; un élève qui termine ses études secondaires devrait connaître assez profondément les meilleurs écrivains de la littérature canadienne. Si la langue de nos écrivains est moins forte que la langue des écrivains français, cela tient à notre milieu, à sa pauvreté linguistique et nous ne pensons pas que nos

élèves puissent corrompre leur langage au contact de ces œuvres [...] L'étude de la littérature canadienne-française se justifie du point de vue politique et social et c'est la meilleure préparation à l'étude de la littérature française qui ne devrait se faire d'une façon systématique qu'au niveau collégial et universitaire (p. 732).

Nous avons tenu à citer ce long passage de l'auteur afin de souligner sa pertinence et son aspect profondément engagé. L'avenir lui donnera raison.

La commission Parent (1961-1963) et son Rapport: une autre façon de considérer l'oral, l'écrit et la littérature

Mise sur pied dans le contexte de la Révolution tranquille, au début des années soixante, cette commission créée pour examiner la situation de l'enseignement au Québec sous toutes ses facettes rendra son Rapport entre 1964 et 1966. La troisième partie regarde les programmes d'études et plus spécifiquement l'enseignement du français. Les commissaires rappellent que l'enseignant doit signaler les fautes de langue, mais sans provoquer des inhibitions.

Dans les cas d'enfants timides ou venus de familles où l'on parle mal, l'école devra, par un soin particulier accordé à l'apprentissage d'un langage correct et cultivé, corriger ce genre de handicap, dont les jeunes filles sont parfois plus conscientes que les garçons; ceux-ci éprouvent encore, dans le Québec, une sorte de fausse honte à bien s'exprimer; on tentera de les en corriger en montrant que les personnages publics importants doivent posséder cette aisance de l'expression (p. 28, tome III).

Les commissaires font preuve d'avant-gardisme en soulignant que le français est l'affaire de tous les enseignants quelle que soit leur matière.

L'école tout entière, toutes les heures de cours et tous les professeurs doivent contribuer à inculquer à l'élève l'habitude d'une langue orale parfaitement correcte et naturelle et de bons réflexes à cet égard: souci du mot propre, de l'articulation nette, d'une phonétique exacte, d'une phrase bien construite; rapidité, aisance, économie de l'expression (*ibid.*).

Il n'est plus question de cours de diction: « Le naturel doit rimer; le souci de correction ne doit pas faire verser maîtres ou élèves dans des formes de langage trop laborieuses, affectées ou précieuses » (p. 29). On suggère également de faire écouter des enregistrements de pièces de théâtre et de récitations de poèmes, contes et chansons et ensuite, de faire reproduire certaines de ces récitations par l'élève au laboratoire de phonétique ou devant un magnétophone. On conseille aussi d'initier les élèves à l'improvisation. On précise que tous ces exercices « devront servir de point de départ à une initiation systématique aux principes de la phonétique, de la diction, de l'interprétation : on commentera la qualité des sons, des intonations et aussi de la voix, on corrigera le nasillement, les diphtongaisons, les déplacements d'accents toniques, la monotonie du débit » (p. 30). On conseille d'initier dès le primaire les élèves aux symboles phonétiques et de développer la pratique de la dictée phonétique. Ces heureux conseils n'auront pas d'effet immédiat dans les programmes, sauf exception.

Le rapport souligne la nécessité pour l'enseignant d'être un modèle linguistique :

> Chacun des professeurs, à tous les degrés, dans toutes les matières, est aussi un professeur de langue maternelle et doit avoir atteint une certaine connaissance spécialisée dans ce domaine : sa phonétique doit être impeccable, son vocabulaire précis et abondant, sa phrase correcte, il doit s'exprimer avec aisance et naturel, aussi bien oralement que par écrit (p. 42).

On dit de l'enseignant qu'il forge la conscience linguistique de l'élève et qu'on ne devrait accorder de permis d'enseigner qu'après avoir vérifié l'aisance verbale des candidats.

Les commissaires suggèrent l'utilisation de fascicules spéciaux pour l'enseignement de la phonétique. [...] « dès le niveau élémentaire, on peut éduquer l'oreille de l'enfant à distinguer le /i/ pur, utilisé en français, du /i/ ouvert de l'anglais, comme dans /sit/, correspondant à un /é/ fermé en français » (p. 43). Afin d'améliorer la langue écrite, ils conseillent d'accorder plus de temps à la syntaxe et à la stylistique, au lieu de se centrer sur l'orthographe, de lier code oral et code écrit. En ce qui regarde la littérature, ils mettent de l'avant la mémorisation de belles pages en prose et en vers, qui nourrit l'âme et améliore le style et la lecture d'œuvres complètes, dont des ouvrages pour la jeunesse.

Un signe de changement quant à l'enseignement de la langue : les programmes cadres de 1969

Lorsque paraît le Rapport Parent, en 1964, c'est le programme du Département de l'instruction publique de 1959 qui est à l'honneur. Ce dernier énumère un véritable catalogue de notions grammaticales à enseigner. Le but principal de ce programme est d'amener l'élève à

parler et à écrire correctement. La norme du français correct reste le
français de France. Le maître, ainsi qu'on l'appelle, est le dispensateur
du savoir. L'accent mis sur la grammaire et l'orthographe est très important. Il faudra attendre 1995 avant que pareil souci ne resurgisse.
Les exercices grammaticaux et la dictée doivent garantir l'acquisition
d'une langue correcte. Il n'est pas question ici d'observation des faits
de langue, mais bien d'exercisation. Cependant, on ne vise pas la bête
mémorisation des règles, mais bien leur application pratique. On distingue grammaire normative et grammaire raisonnée, cette dernière
comprenant l'analyse des mots et des propositions.

Avec le programme cadre de 1969, on assiste à un changement
radical dans la conception de la langue et de son enseignement.
Celui-ci considère la langue comme un instrument au service de la
communication et de la pensée, un outil de transmission de la culture,
surtout de la culture québécoise : plus l'élève maîtrise la langue, plus
il s'intègre à une culture. La Révolution tranquille est passée par là :
dorénavant, tous les programmes de français insisteront sur la situation
particulière du Québec, sur son affirmation culturelle et sur ses liens
avec la francophonie. Les auteurs de ce programme considèrent que la
langue parlée et écrite de l'élève est imparfaite et qu'il faut la corriger,
d'où la visée fonctionnelle de l'enseignement du français, tant à l'oral
qu'à l'écrit, mais avec une insistance toute nouvelle sur l'oral. On veut
que l'élève accède au registre de langue soutenu. Le programme cadre
dit aussi que l'apprentissage de la langue doit se faire de façon globale,
et non en dissociant ses éléments constitutifs tels que la grammaire,
l'analyse, l'écriture. Il accorde une grande importance à la mise en
situation des apprentissages. Comme ce programme ne détaillait
aucunement les contenus, il a fallu que les diverses commissions scolaires entreprennent une opération de rédaction de fascicules distribués
ensuite aux enseignants.

TROISIÈME PARTIE : LA LANGUE DE L'ÉCOLE
DANS L'ARÈNE PUBLIQUE ; L'ÉCOLE REFLET DES LUTTES
POUR LA CRÉATION D'UNE NORME ENDOGÈNE
ET L'OUVERTURE CULTURELLE À LA DIVERSITÉ
(1970-2005)

Nous diviserons notre propos en cinq points : les divers travaux sur la
norme, la recherche d'une nouvelle façon d'enseigner le code à l'école
dans les années soixante-dix, les oscillations entre la « communication »
et le contrôle de la qualité linguistique durant la période 1980-1995, le

retour de la grammaire explicite, et enfin, le parti-pris pour un corpus littéraire métissé.

Les divers travaux sur la norme : cheminements difficiles vers la création d'une norme endogène

En 1977, l'Association québécoise des professeurs de français (AQPF) prend parti pour le « français standard d'ici », le définissant comme « la variété socialement valorisée que la majorité des Québécois francophones tendent à utiliser dans les situations de communication formelle » (p. 11). La position de l'AQPF sera reprise dans tous les programmes d'enseignement depuis ce temps. Elle sera complétée par les travaux de divers linguistes dont Dubuc (1990), qui a résumé la norme du français à l'antenne de Radio-Canada, soit, pour la prononciation et la syntaxe, aucun écart par rapport au français international et, pour le vocabulaire, l'acceptation de quelques termes québécois.

Dans une recherche visant, entre autres, à connaître les orientations personnelles des Québécois en matière de norme linguistique, Bouchard et Maurais (1999) montrent que le modèle de référence pour 71 % des Québécois francophones est celui des lecteurs de nouvelles de Radio-Canada. La langue telle qu'elle est parlée ou lue aux bulletins de nouvelles de Radio-Canada serait donc encore perçue comme un modèle de langue pour les Québécois.

On doit admettre aujourd'hui l'existence d'un certain nombre de particularités québécoises différentes des usages présentés comme appartenant au français international ou radio-canadien, utilisées de plus en plus couramment par les Québécois dans des communications à caractère formel (par exemple, dans le cadre d'émissions d'information publique à la télévision ou à la radio) et qui constituent dès lors de « bons usages » pour la population en général.

C'est ce qui amène, entre autres, Martel et Cajolet-Laganière (1996) de même que Brent (1999) à déplorer la quasi-absence de norme prescriptive explicite endogène pour le Québec. Par exemple, Cajolet-Laganière et Martel regrettent qu'« À l'heure actuelle, aucun ouvrage, aucun dictionnaire ne livre une description complète, juste et fiable des usages et des bons usages de la langue française au Québec » (p. 48). La tâche qui resterait à faire serait ainsi de déterminer pour le Québec un référent plus ou moins stable par rapport auquel on pourrait juger de la valeur sociale et stylistique des mots et des prononciations (Cajolet-Laganière et Martel, 1996). Le projet FRANQUS, en cours depuis 2001 à l'université de Sherbrooke, veut y remédier.

Les années soixante-dix : à la recherche d'une façon nouvelle d'enseigner le code à l'école

Les années soixante-dix sont celles de la grande contestation linguistique et de la remise en question de l'enseignement du français. Le livre noir de l'enseignement du français, ou de l'impossibilité presque totale d'enseigner le français au Québec, de Beaupré (1970) secoue les politiciens, leur rappelant que le statut du français au Québec est insuffisamment valorisé et entraîne le joual à l'école et ailleurs.

Les critiques à l'endroit du programme cadre de 1969 s'accumulent, dont celle de Lysiane Gagnon (1975), auteure d'une série d'articles très alarmistes sur l'enseignement de la langue orale et écrite dans nos écoles. L'auteure évoque l'ignorance de l'orthographe, de la syntaxe et des règles élémentaires de la grammaire et l'engouement pour le joual. Elle en impute principalement la faute au programme cadre ; elle y attaque également le MEQ, les « pédagogues de pointe » et déplore l'absence de matériel. Selon elle, le programme met trop l'accent sur l'expression personnelle. À la suite des articles de cette auteure, le grand public croit que le joual est enseigné à l'école et que la grammaire y est disparue.

Les linguistes font une percée dans les manuels : Bureau et Clas (1975), Andréani et Pelchat (1978, voir Legrand) se font les porte-parole d'une norme exogène, tout en souhaitant une prise en compte des particularités québécoises. Comme les autres auteurs, ils insistent généralement sur le code. Les adaptations de manuels français viennent conforter cette tendance. C'est le cas de *La nouvelle grammaire de base* de Dubois, Lagane et Mareuil (1976), adaptée d'une grammaire française. Dans ce cas, seul les exemples sont tirés de la réalité québécoise. C'est la même situation avec l'ouvrage de Jacques David, *Grammaire structurale à l'usage de tous* (1976). Si le contenu de ces deux grammaires tient davantage compte des avancées de la linguistique, la norme écrite demeure celle de la France. Toutefois, dans les manuels de grammaire, on voit apparaître un souci nouveau de mettre l'accent sur des connaissances dites fonctionnelles, c'est-à-dire le code grammatical. Cette tendance fonctionnaliste prendra toute son ampleur vers la fin de la décennie, pour culminer pendant la suivante.

En 1976, la revue *Québec français*, organe officiel de l'Association québécoise des professeurs de français (AQPF) fait paraître le « manifeste de l'UQAM », œuvre de linguistes entraînés par le débat sur le joual et la place de l'oral à l'école. Certaines positions, très controversées, feront bondir enseignants et linguistes. Pour ces linguistes, aucune variété de langue n'est meilleure qu'une autre pour communiquer. L'école québécoise n'arrive pas à faire parler et écrire les élèves selon les normes de la langue de l'élite, en raison d'une pédagogie de la correction et de la purification linguistique qui se base souvent sur des jugements moraux. Il faut, rappellent-ils, réfléchir sur la fonction sociale des normes linguistiques et cela, tant chez les enseignants que chez leurs élèves. À cela, le linguiste Corbeil (1976) leur répliquera que la définition d'une norme doit impliquer non seulement les linguistes, mais également les pédagogues, les parents et les politiciens.

La période 1980-1995 : l'oscillation entre la « communication » et le contrôle de la qualité linguistique

Dans *L'école québécoise*, appelé aussi *Livre orange* (MEQ, 1979b), l'État québécois affirme qu'il a le devoir de garantir la qualité de l'éducation, que celle-ci doit contribuer à sa culture générale, de même qu'à la cohérence et à l'intégration des divers apprentissages. Pour ce faire, on mentionne la nécessité du recours aux acquis antérieurs des élèves et de la diversification des approches, avec une insistance particulière sur les approches rendant l'élève actif et autonome dans un contexte signifiant. Dans la foulée du *Livre orange* de 1979 apparaît un nouveau programme de français pour le primaire, basé sur les quatre savoirs (savoir-écouter, savoir-parler, savoir-lire et savoir-écrire). On y prône, comme dans le programme du secondaire, paru l'année suivante, l'apprentissage occasionnel des connaissances grammaticales, voulant entendre par là le fait d'intégrer la grammaire à des pratiques signifiantes d'écriture. Le passage a été mal compris et les enseignants ont cru qu'ils ne devaient faire de la grammaire que de temps à autre. Dans les deux programmes, les habiletés linguistiques sont subordonnées aux exigences de la communication (lecture et production de types de discours variés). Quant à la langue orale, ce programme est le premier à décrire la variation linguistique, entre autres les spécificités québécoises, à les accepter dans la langue de l'élève, sans suggérer cependant des interventions allant dans le sens de la correction et sans définir ce qu'il entend par le « français correct d'ici », celui vers lequel il faudrait, dit-il, normalement tendre et qui devrait nous faire comprendre de toute la francophonie. Les programmes (1979 et 1980) portent l'étiquette « langue première » et non plus « langue maternelle », ce qui est un effet de la loi 101 et du désir d'inclusion des élèves issus de la migration.

Les manuels de français de cette période s'attardent davantage à la lecture qu'à l'écriture, celle-ci faisant l'objet de pratiques assez impressionnistes où, comme dans le programme, l'enseignement et l'évaluation des aspects purement linguistiques de l'écriture est très réduit. Les épreuves ministérielles de fin de cycle n'existant pas encore, on ne s'étonnera pas d'un pareil laxisme. Un certain souci de correction lexicale commence à refaire surface : « L'indigence en matière de vocabulaire est le mal de beaucoup de Québécois qui n'ont, pourtant, qu'à apprendre quelque 1500 mots pour pouvoir abandonner leurs barbarismes et leurs jurons » (Robidoux, 1987, p. 5). À partir de 1985 se multiplient les cahiers de grammaire, en réaction à une prise de conscience des lacunes des élèves en écriture. L'accent est mis sur l'apprentissage du code écrit dans ses aspects les plus pratiques, au détriment d'une véritable explication de la langue, la profusion de codes grammaticaux publiés pendant cette période est éloquente. Ainsi, les grammaires scolaires de cette période utilisent une terminologie et des approches traditionnelles. Dans les ensembles didactiques, lorsque les auteurs insèrent des contenus grammaticaux, ils le font le plus souvent en annexe ou dans des fiches séparées des activités de lecture et d'écriture. Signe des temps, on rappelle le statut socio-linguistique du français au Québec : « Le français est la langue officielle du Québec. Il faut donc la connaître. Il faut aussi avoir un bon vocabulaire. Les mots sont le véhicule de la pensée » (Galipeault, 1992, p. 127).

Cependant, la contre-réforme pointe déjà, face à ce que d'aucuns appellent le laxisme grammatical. En 1986, le MEQ met sur pied sa politique d'épreuves de fin de cycle ; au primaire : taux de réussite de 59,5 % et au secondaire, de 46,3 %. Le mouvement est suivi par les cégeps et les universités. En 1987, le Conseil supérieur de l'éducation rappelle que la langue est non seulement un outil de communication, mais également un outil d'initiation culturelle donnant accès à l'héritage québécois. En 1987, le Conseil de la langue française recommande d'accorder plus de place à la langue écrite dans toutes les matières. Même son de cloche dans *Le français à l'école. Plan d'action* (1988) du MEQ, qui souhaite l'enseignement systématique de la grammaire, de la syntaxe et de l'orthographe à l'école. En 1988 paraît le rapport de l'enquête Bibeau, Lessard, Paret et Thérien concernant les perceptions de divers acteurs à propos de l'enseignement du français : 67 % des enseignants du primaire et 48 % de ceux du secondaire disent faire de la grammaire plusieurs fois par semaine, mais déplorent le manque de transfert des connaissances en production écrite. Pour le grand public, la moitié des jeunes sortant du secondaire ne sait ni bien parler, ni bien lire, ni bien écrire. En 1995, l'enquête du groupe DIEPE, menée chez les francophones européens et canadiens fait ressortir le fait que si les élèves québécois sont relativement doués sur le plan de l'expression de leurs idées, dans leurs rédactions, ils se situent par contre au bas de l'échelle en ce qui regarde l'orthographe, la syntaxe et le vocabulaire.

Depuis 1994 : la grammaire de nouveau à la mode

Les programmes de 1994 (pour le secondaire) et de 1995 (pour le primaire) maintiennent la nécessité de se faire comprendre dans la francophonie et de s'approprier la richesse culturelle et littéraire du Québec déjà perceptible dans les précédents programmes. Ils accordent plus de place à l'écrit : ainsi, au niveau grammatical, l'apprentissage systématique de la syntaxe et la grammaire de texte font leur apparition. On se rend de plus en plus compte que, contrairement à la grammaire, le savoir-rédiger ne s'enseigne pas, mais qu'il s'apprend par l'exercice. L'application des règles de grammaire en vue de bien orthographier en contexte d'écriture se fait de façon spontanée ou réfléchie, selon les savoirs de chacun. C'est en raison du constat de l'incompétence marquée des élèves de tous les niveaux, visible dans les différents tests ministériels en grammaire et en orthographe, que le coup de barre grammatical s'est imposé dans les programmes. La terminologie et le contenu de l'enseignement grammatical changent.

Les grammaires scolaires prennent tout à coup un ton plus ferme pour inciter les élèves à bien écrire. Boily (1994), par exemple, convie les élèves à mieux maîtriser leur langue : « Ce long voyage qui te donnera le goût de parler, de lire et d'écrire bellement ta langue maternelle » (p. XIV). On ne parle plus de « par cœur » pour les règles, mais bien de consultation des bons outils. La grammaire permet toujours, comme aux temps anciens, d'écrire sans faute, mais également, et c'est nouveau, de « s'exprimer » : « Une fois que tu auras maîtrisé les règles de la langue écrite, tu posséderas un moyen d'expression sans pareil » (Chartrand, Simard, Fisher et Nadeau, 2000, p. VII). Tout en respectant les principes du français standard, nombre d'auteurs se disent ouverts à une description minimale de quelques phénomènes linguistiques propres au français québécois (cf. Chartrand, Aubin, Blain et Simard, 1999). La part de la langue orale se réduit dans les programmes et les manuels : dans l'enseignement, nulle trace de récitation, mais des exposés et débats ; dans l'évaluation, les éléments communicatifs (ex : intention de communication) sont prioritaires, au détriment des éléments prosodiques.

Il semble bien que les années soixante aient été une époque tournante quant à la place de l'oral dans les manuels. C'est aussi l'époque où apparaissent au Québec les premières tentatives de planification linguistique. Le flottement dans la langue parlée se traduit entre autres par l'émergence de la littérature jouale et le souci, nouveau pour l'époque, de sensibiliser l'élève aux niveaux de langue, tant en compréhension qu'en production. On remarque que, jusqu'à 1969, la présence de la récitation de poèmes et de fables est très importante à l'école (la moitié des manuels en proposent), de même que les exercices de diction et de phonétique, ceux-ci se basant sur l'articulation, l'intonation, le rythme et le débit. À partir du programme cadre de 1969, les exposés oraux des élèves vont prendre de plus en plus de place. Au lieu de se soucier de diction et de phonétique on va de plus en plus se soucier de l'intention de communication, de la prise en compte de l'auditoire et de la structuration de l'exposé. La pratique de la récitation, très populaire jusqu'en 1979, connaît une chute spectaculaire par la suite, au profit de la discussion/expression sur la lecture, surtout. Par ailleurs, l'absence d'exercices de phonétique dans les manuels à partir de 1979 est à mettre en lien avec l'évolution de la norme linguistique au cours des dernières décennies du XXe siècle. La norme prescriptive a cédé sa place à la norme fonctionnelle. On peut noter que les activités orales deviennent de moins en moins nombreuses dans les manuels, lorsqu'on s'achemine vers la fin du millénaire.

Le MEQ a entrepris, en 2000, une opération de refonte de tous les programmes, dont le programme de français, à la lumière de l'approche par compétences, très à l'honneur de part et d'autre de l'Atlantique. On doit en retenir, pour l'essentiel, que ces programmes reconduisent l'orientation prise en 1994 et 1995 en ce qui concerne l'enseignement de la grammaire. Par ailleurs, en enseignement de la langue orale, on mise toujours autant sur la situation de communication au détriment de l'enseignement et de l'évaluation spécifiques des éléments prosodiques (articulation, prononciation, etc.) de la langue.

En 2000-2001, les *États généraux sur la situation et l'avenir de la langue française au Québec* abordent la qualité de la langue au Québec et la langue d'enseignement. Les intervenants sont unanimes à déplorer la piètre qualité du français au Québec en raison d'un trop grand laxisme ambiant et d'un manque de ressources. On note cependant que le vocabulaire s'enrichit, de façon générale. Il reste cependant fort à faire, dit-on, en grammaire et en orthographe.

Quant aux futurs enseignants et à la qualité de leur langue orale et écrite, on n'y voit à vrai dire que depuis une dizaine d'années de façon systématique. Les évaluations de la langue écrite sous forme de tests d'entrée ont commencé en 1985 et se sont poursuivies jusqu'en 1998, année où les tests de sortie des cégeps ont pris le relais. Cependant, les commissions scolaires exigent maintenant la réussite au test (généralement le SEL, et plus rarement le CÉFRANC) comme condition d'entrée dans la profession enseignante pour tous.

De plus, certaines universités ont mis sur pied une formule de test d'entrée à l'oral, qui persiste toujours. On dispose actuellement d'une étude faite par Gervais, Ostiguy, Hopper, Lebrun et Préfontaine (2000) sur certains particularismes du phonétisme, du lexique et de la morphosyntaxe d'étudiants universitaires de deux facultés des sciences de l'éducation. Les chercheurs ont relevé systématiquement, à partir d'un corpus enregistré les variantes familières, correctes et soutenues de 33 catégories distinctes (ex. : absence du « ne » de négation, diphtongaison à grande profondeur...). On y révèle, entre autres, la présence plus marquée de variantes familières dans le langage des enseignants d'autres matières que le français et on souligne le fait qu'un effort de sensibilisation et de formation au registre soutenu devrait être consenti pour tous les futurs enseignants, et particulièrement pour les catégories où le registre soutenu est peu présent.

Parallèlement à cette opération concernant les tests de français, le MEQ (2001b) a déposé en 2001 un « Plan d'action pour la valorisation du français langue d'enseignement » qui prévoit, pour les écoles primaires et secondaires, l'augmentation du temps d'enseignement du français, pour le collégial, le soutien des jeunes dans leur premier cours de français, et, à tous les niveaux, des interventions diverses susceptibles de favoriser la maîtrise du français, surtout chez les allophones, de stimuler le goût du français par la valorisation de la lecture, de l'écriture, de la communication orale, et enfin, de soutenir les enseignants en leur offrant des facilités de perfectionnement. À l'heure actuelle, on ne voit pas la traduction de ces énoncés sous forme de mesures concrètes.

Un corpus littéraire québécois métissé : la littérature québécoise rajeunie, récente, ouverte de plus en plus aux apports migrants et pan-francophones dans les manuels

Depuis le programme cadre de 1969, l'enseignement de la littérature a connu maints soubresauts. Omniprésente dans les programmes antérieurs, celle-ci va longtemps être réduite à la portion congrue, avant de revenir en force à la fin du millénaire. Le programme cadre lie indissolublement langue et littérature, cette dernière étant définie comme une parole à part, qui recherche l'inédit, respecte certaines règles stylistiques, et contribue à la fois à l'élévation personnelle et, par la création, à l'enrichissement du patrimoine mondial. Le programme suggère des formes littéraires particulières à aborder avec les élèves : les formes courtes se retrouveront à tous les niveaux, et les plus longues, à la fin du secondaire. Un tableau énumère treize formes différentes, assorties de pratiques pédagogiques telles que la lecture, l'audition, l'interprétation, la dramatisation. On y retrouve, à côté des genres les plus connus, le proverbe, la lettre, le journal intime, le téléroman et le film. On n'en saura pas plus, le programme restant muet sur les époques à toucher, sur la proportion d'œuvres québécoises à insérer et même, sur l'histoire littéraire.

Pour y voir plus clair, il est difficile de se référer à des manuels du crû, ceux-ci se faisant rares, en raison de la réforme. C'est la pédagogie de la feuille volante, du polycopié, de l'enseignant improvisateur... et insécurisé. Cependant, quelques-uns, comme le Audouze, Bouquet et Morand (1971) viennent aider l'enseignant en présentant un corpus équilibré : «les auteurs ont su choisir des textes de littérature québécoise intéressants et suffisamment variés pour initier les jeunes élèves à la littérature de leur milieu» (p. 1). Voyant les difficultés des enseignants à appliquer le programme de littérature, la Direction générale de l'enseignement secondaire du ministère de l'Éducation met alors un comité conjoint avec l'Association québécoise des professeurs de français (AQPF). Le rapport sera publié en deux tranches dans *Québec français* (voir AQPF et DGEES, 1976 et 1977). D'entrée de jeu, le rapport souligne l'importance que les programmes ministériels accordent à la communication et à l'expression. Il convient, disent les auteurs, d'aborder l'organisation discursive des œuvres en partant du bagage culturel de l'élève et en l'enrichissant. On doit se montrer vigilant devant le choix des œuvres ; privilégier les œuvres complètes, et non les anthologies.

Dans le programme de 1980 pour le secondaire, le mot «littérature» est occulté au profit de celui de «discours» : les élèves lisent, selon les années, des contes, nouvelles, pièces de théâtre, poèmes et romans comme autant de discours, qu'ils doivent situer dans un contexte socio-culturel donné. La démarche méthodologique utilisée par l'enseignant est peu perceptible, à la lecture des programmes officiels : on doit recourir aux nombreux manuels «autorisés» pour la retracer. L'un des objectifs majeurs des programmes a trait à l'inscription socio-culturelle du corpus. Pourtant, le discours d'accompagnement se soucie aussi peu de cet aspect que de celui de la «littérarité» en tant que telle. La pédagogie des extraits prime sur la lecture d'œuvres intégrales, sauf, bien sûr, dans le cas des genres brefs. Les programmes recommandant pour la première fois d'accorder la primauté à la littérature québécoise, les concepteurs de manuels lui font une large place. À partir de 1995, les programmes introduiront les œuvres intégrales et reconduiront ce parti-pris pour la littérature québécoise, tout en n'oubliant ni la littérature française, ni celle de la francophonie. Leur position est bien définie par Bruno Roy (1992), à l'époque directeur de l'UNEQ et lui-même enseignant du secondaire :

> Définir son appartenance et sa spécificité en même temps que sa relation au monde, c'est se tenir à égale distance de soi (le nationalisme) et de l'autre (l'universalisme). C'est en évitant ces deux pôles de désincarnation que la littérature québécoise peut prendre sa place parmi les littératures nationales (p. 67).

La place de la littérature est parfois difficile à évaluer, car les manuels ne présentent pas toujours, pour ne pas dire qu'occasionnellement, une bibliographie des auteurs ou des œuvres utilisés. Il faut donc feuilleter le manuel pour se faire une idée du contenu littéraire. De plus, les manuels présentent souvent de courts extraits, ce qui multiplie le nombre d'auteurs cités, certains allant au-delà de 100 auteurs. Malgré ces difficultés, certaines tendances s'observent.

Lorsque nous examinons les manuels du primaire pour la période commençant en 1969, nous remarquons que la part de la littérature québécoise dans les textes à lire augmente de plus en plus : si le tiers des manuels contient entre 25% et 50% de ces textes entre 1969 et 1979, on note que 40% d'entre eux ont une proportion de textes québécois qui frôle le 50% dans la période la plus récente. Voici les principaux auteurs privilégiés dans les manuels du primaire depuis 1969 par ordre d'importance décroissante et toutes origines confondues : Félix Leclerc, Jean de La Fontaine, Maurice Carême, Victor Hugo, Gabrielle Roy, Jacques Prévert, Gilles Vigneault, Alphonse Daudet, Georges Duhamel et Claude Melançon.

En ce qui regarde le secondaire, la majorité des manuels de la période 1969-1980 consacrent seulement un quart de leurs textes à la littérature québécoise. Par la suite, la proportion s'amplifie jusqu'à atteindre aujourd'hui 50% de textes québécois dans la majorité des manuels, tendance tout à fait comparable à ce qui existe au primaire. Durant la période 1980 à 1995, le panthéon des auteurs étudiés rajeunit (Leclerc, Vigneault, Thériault, Gabrielle Roy, Anne Hébert, etc.). En fait, plusieurs éléments peuvent expliquer la hausse du pourcentage d'auteurs québécois: a) la croissance exponentielle du corpus; b) la naissance d'une « institution littéraire québécoise » (cf. les prix, les « académies », etc.); c) le développement d'une critique québécoise scientifique; d) le surgissement de facultés et de centres de littérature québécoise et enfin e) le développement du nationalisme littéraire québécois face à la France. L'ouverture des corpus à la littérature pour la jeunesse et aux auteurs de la francophonie s'est confirmée au fil des ans, reflétant à la fois les succès éditoriaux des auteurs québécois pour la jeunesse et la place grandissante du Québec dans les diverses institutions de la francophonie (AUF, TV5, FIPF, etc.).

On voit donc que c'est à partir des années soixante-dix qu'est venue la maturité linguistique: le réflexe défensif s'est perdu et on n'a pas honte de ses faiblesses (on en parle ouvertement); l'aménagement linguistique se porte sur le terrain de l'école avec le « contrôle de la qualité » (tests divers), ce qui permet un retour mieux contrôlé de la grammaire et un épanouissement de la littérature québécoise dans les classes. Le problème de la qualité de l'oral persiste, toutefois.

CONCLUSION

Manipuler adéquatement sa langue maternelle, en connaître toutes les ressources, connaître et apprécier les auteurs du crû, voilà des compétences que l'école doit développer. L'école québécoise a beaucoup évolué en 100 ans quant à sa « défense et illustration » de la langue française comme patrimoine. Elle en a organisé la survie; elle en a assuré le statut. Cependant, pour que ce patrimoine intangible, mais précieux aux yeux de tous les Québécois, prenne véritablement sens, il faut dorénavant porter la bataille sur le terrain de la qualité, ce qui ne fait que commencer, tant à l'oral qu'à l'écrit.

La langue québécoise est non seulement un héritage, c'est aussi, et plus que jamais, un projet collectif. Le défi qui nous reste comme collectivité est de faire adopter le projet de francisation de notre société par les immigrants québécois, spécialement à l'école (voir Gouvernement du Québec, 1996), et de trouver un chemin original vers un français oral de qualité, loin du joual et du français appauvri de certains, peu porteur des richesses symboliques de notre peuple.

Références

Association canadienne des éducateurs de langue française (1960). Le parler français: travaux du XIIIe Congres de l'ACELF, Rimouski, août 1960. Québec : ACELF.

Association québécoise des professeurs de français (AQPF) et Direction générale de l'enseignement secondaire du ministère de l'Éducation du Québec (DGESS) (1977). Rapport. La littérature au secondaire. Première partie. Québec français, 23, octobre 1976, 17-19. Deuxième partie, Québec français, 27, octobre 1977, 21-23.

Association québécoise des professeurs de français (AQPF) (1977). Le congrès du dixième anniversaire. Les résolutions de l'assemblée générale. Québec français, 28, décembre, 10-12.

Audouze, M., Bouquet, G. et Morand, M. (1971). Vers l'expression orale ou écrite, secondaire 1. Montréal : CEC.

Beaupré, V. (1970). Le livre noir de l'enseignement du français, ou de l'impossibilité presque totale d'enseigner le français au Québec. Québec : AQPF.

Bibeau, G., Lessard, J.-C., Paret, M.-C. et Thérien, M. (1987). L'enseignement du français langue maternelle. Perceptions et attentes (tome 1). Québec : Éditeur officiel/Conseil de la langue française.

Blanchard, abbé É. (1928, 5e éd.) Bon langage. Montréal : Beauchemin.

Boily, R. (1994). La grammaire du primaire pour bien écrire. Montréal : CEC.

Bouchard, P. et Maurais, J. (1999). La norme et l'école. L'opinion des Québécois. Terminogramme, 91-92, dossier La norme du français au Québec. Perspectives pédagogiques. Office de la langue française, 91-116.

Boulet, G., Gagné, L. et Gendron, (1963). Le français parlé. Phonétique, lecture, vocabulaire. Leçons 31 à 35. Québec : les Presses de l'Université Laval.

Boulet, G. et Gagné, L. (1962). Le français parlé, Leçons 16 à 30. Québec : les Presses de l'Université Laval.

Brent, E. (1999). Vers l'élaboration de normes pédagogiques du français enseigné au Québec. Terminogramme, 91-92, dossier La norme du français au Québec. Perspectives pédagogiques, Office de la langue française, 117-130.

Bureau, R. et Clas, A. (1975). Orthographe plus, cahier A. Montréal : Beauchemin.

Chartrand, S et Simard, C., en coll. avec C. Fischer & et M. Nadeau (2000). Grammaire de base. Saint-Laurent : ERPI.

Chartrand, S., Aubin, D, R. Blain et Simard, C. (1999). Grammaire pédagogique du français d'aujourd'hui. Montréal : Graficor.

Clapin, S. (1894). Dictionnaire canadien-français ou Lexique-glossaire des mots, expressions et locutions ne se trouvant pas dans les dictionnaires courants et dont l'usage appartient surtout aux Canadiens français. Montréal : Beauchemin, 389 p. (réimpression en 1974 aux Presses de l'Université Laval).

Colonnier, P. (1901). Méthode d'élocution et de déclamation à l'usage des collèges, pensionnats et autres établissements d'instruction publique. Collection de morceaux choisis accompagnés de préceptes sur le ton, l'expression et la manière de dire. Montréal : Beauchemin.

Commission des États généraux sur la langue française (2001). Texte disponible sur le site. http ://www.callisto.si.usherb.ca/~catifq/etatsgen/

Conseil de la langue française (CLF) (1987). Le français à l'école, aujourd'hui et demain. Rapport du CLF sur l'enseignement du français, langue maternelle. Québec : Éditeur officiel du Québec.

Conseil de la vie française en Amérique (1938). Deuxième Congrès de la langue française au Canada (1937), Québec : Imprimerie Le Soleil, 3 tomes.

Conseil supérieur de l'éducation (1987). La qualité du français à l'école : une responsabilité partagée : avis au ministre de l'éducation. Québec : Conseil supérieur de l'Éducation. Direction des communications.

Corbeil, J.-C. (1976). Commentaires sur le Manifeste de l'UQAM. Québec français. 23, octobre, 14.

David, J. (1976) Grammaire structurale à l'usage de tous. Montréal : Étoile Polaire.

De Grandpré, Père P.A. (c.s.v.) (1938). L'école primaire, (Montréal), In Conseil de la vie française en Amérique (Ed.). Deuxième Congrès de la langue française au Canada 1937) (p. 168-182, tome 3). Québec : Imprimerie Le Soleil.

Dionne, N.-E. (1909). Le parler populaire des Canadiens français. Québec : Laflamme et Proulx (réimpression en 1974 aux Presses de l'Université Laval).

Dubois, J. Laganne, R et Mareuil, A. (1976). La nouvelle grammaire de base pour le secondaire. Ottawa : Les éditions françaises.

Dubuc, R. (1990). Le comité de linguistique de Radio-Canada. *In* Conseil de la langue française (Ed.) Dix études portant sur l'aménagement de la langue au Québec (pp. 131-154). Québec : Éditeur officiel du Québec.

Dunn, O. (1880). Glossaire franco-canadien et vocabulaire de locutions vicieuses usitées au Canada. Québec : A, Côté & Cie.. (réimpression en 1976 par les Presses de l'Université Laval).

Frères des Écoles chrétiennes (1921). Lectures littéraires. Montréal : Procure des Frères (autre version, en 1945, portant le sous-titre Le français par les textes).

Frères des Écoles chrétiennes (1932). Langue française. Quatrième livre. Exercices de 5e, 6e et 7e années en rapport avec le 3e livre Code grammatical et préceptes littéraires. Montréal : Procure des Frères.

Frères des Écoles chrétiennes (1938). Cours de lecture. Deuxième livre. Deuxième année. Montréal : Procure des Frères.

Frères des Écoles chrétiennes (1940) Cours de lecture, Sixième livre, 8e et 9e années, Montréal : Procure des Frères.

Frères du Sacré-Cœur (1923). Littérature, principes et exercices, école primaire complémentaire et supérieure. Montréal : Procure des Frères

Gagnon, B. (1946). Sans cailloux. Montréal (sans mention d'éditeur).

Gagnon, L.. (1975). Le drame de l'enseignement du français. Montréal : La Presse.

Galipeault, L. (1992). La langue de chez nous. Montréal : Éd. Marie-France.

Gendron, J.-D. (1972). Rapport. Commission d'enquête sur la situation de la langue française et les droits linguistiques au Québec (Commission Gendron). Québec : Éditeur officiel.

Gervais, F., Ostiguy, L., Lebrun, M., Hopper, C.& Préfontaine, C. (2000). Aspects microstructurels du français oral des futurs enseignants. Rapport préparé pour le Conseil de la langue française du Québec. Montréal : OLF, juillet.

Giroux, P., Père (1963), L'étudiant du secondaire et le parler français. Enseignement primaire, VII (7), 615-618.

Gouvernement du Québec (1996). Le français langue commune. Promouvoir l'usage et la qualité du français, langue officielle et langue commune du Québec. Proposition de politique linguistique. Québec : Direction des communications du ministère de la Culture et des Communications.

Groupe DIEPE (1995). Savoir-écrire au secondaire. Étude comparative de quatre populations francophones d'Europe et d'Amérique. Bruxelles : De Boeck Université.

Hudon, Père T., s.j.(1931). Manuel de prononciation français. Montréal: Imprimerie du Messager.

Jasmin, B. (1960). Remarques sur l'enseignement du français au niveau secondaire. Enseignement primaire, IV (9), 732-735.

Jules-Émile, Frère, f.m.s. (1960). Manuels de langue française. Enseignement primaire, V (1), 45-47.

Laferrière, J.P. (1960). Valeur primordiale de l'élocution dans l'enseignement du français au cours élémentaire, Enseignement primaire, IV (9), 727-731.

Laurence, J.-M. (1960). Grammaire française. Montréal: Centre de psychologie et de pédagogie.

Léandre de Séville, Sœur (1938). Le français au couvent, *In* Conseil de la vie française en Amérique (Ed.). Deuxième Congrès de la langue française au Canada (1937) (p. 16-22, tome 1). Québec: Imprimerie Le Soleil.

Léger et Léger (2000). Étude sur la perception de la notion de patrimoine, juillet, disponible sur le site http://www.politique-patrimoine.org/html/Rapport/Chap1/cntxt2.html

Legrand, L., Andréani, P. & Pelchat (et coll.) (1978). Grammaire pour l'expression. Élémentaire 6. Montréal: Éditions France-Québec.

Magnan, J.-R.(1902). Cours français de lectures graduées. Degré supérieur. Montréal: Beauchemin.

Magnan, J.-R. (1912; 1re édition en 1902). Cours français de lectures graduées. Degré moyen. Montréal: Beauchemin.

Martel, P. & Cajolet-laganière, H. (1996). Le français québécois. Usages, standard et aménagement. Québec: Institut québécois de recherche sur la culture/Presses de l'Université Laval.

Massé, J. (1938). La Société du Bon parler français de Montréal. *In* Conseil de la vie française en Amérique, Deuxième Congrès de la langue française au Canada (1937) (p. 49-58, tome 3). Québec: Imprimerie Le Soleil.

Miller, M.C. (1938). Le français à l'école primaire. *In* Conseil de la vie française en Amérique, Deuxième Congrès de la langue française au Canada (1937) (p. 7-15, tome 1). Québec: Imprimerie Le Soleil.

Ministère de l'Éducation du Québec (MEQ) (2001). Lire, communiquer, réussir. Plan d'action pour la valorisation du français langue d'enseignement. Québec: Gouvernement du Québec.

Ministère de l'Éducation du Québec (MEQ) (2000) Programme de formation de l'école québécoise. Québec: Gouvernement du Québec.

Ministère de l'Éducation du Québec (MEQ) (1995). Programme d'études. Le français, enseignement secondaire. Québec: Gouvernement du Québec.

Ministère de l'Éducation du Québec (MEQ) (1994). Programme d'études. Le français, enseignement primaire. Québec: Gouvernement du Québec.

Ministère de l'Éducation du Québec (MEQ) (1988). Le français à l 'école. Plan d'action. Québec: Gouvernement du Québec.

Ministère de l'Éducation du Québec (MEQ) (1980). Programme d'études. Le français, enseignement secondaire. Québec: Gouvernement du Québec.

Ministère de l'Éducation du Québec (MEQ) (1979a). Programme primaire Québec: Gouvernement du Québec.

Ministère de l'Éducation du Québec (MEQ) (1979b). L'école québécoise (Le livre orange) Québec: Gouvernement du Québec.

Ministère de l'Éducation du Québec (MEQ) (1969). Programme cadre de français. Primaire. Québec: Gouvernement du Québec.

Ministère de l'Éducation du Québec (MEQ) (1969). Programme cadre de français. Secondaire. Québec: Gouvernement du Québec.

Parent (Rapport) (1970; 1re édition en 1964). Rapport de la Commission royale d'enquête sur l'enseignement dans la province de Québec. Tome III: Les programmes d'études. Québec: Gouvernement du Québec.

Rivard, A. (1928, 2e éd.). Manuel de la parole. Québec: Librairie Garneau.

Robidoux, N. (1987). Grammaire générale. Montréal: Guérin.

Rouleau, C. (1938). Le rôle de l'institutrice à l'école primaire. In Conseil de la vie française en Améride (Ed.). Deuxième Congrès de la langue française au Canada (1937) (p. 399-403, tome 3). Québec: Imprimerie Le Soleil.

Roy, C. (1918). Manuel d'histoire de la littérature canadienne-française. Québec: Imprimerie de l'Action sociale (nombreuses rééditions jusqu'en 1962).

_____ (1934). Morceaux choisis d'auteurs canadiens. Montréal: Librairie Beauchemin.

Roy, B. (1992). L'enseignement de la littérature et nous. In Faire flèches de toutes lettres, Actes du 5e colloque annuel de l'Association des professionnels de l'enseignement du français au collégial (p. 62-67). Québec: Cégep F.-X.-Garneau.

Saint-Jean, I. (1917). Récitations enfantines. Montréal: chez l'auteur.

Sainte-Madeleine des Anges, Sœur (1938) L'esprit français au couvent. *In* Conseil de la vie française en Amérique (Ed.). Deuxième Congrès de la langue française au Canada (1937) (p. 245-256, tome 3). Québec : Imprimerie Le Soleil.

Société du parler français au Canada (1912). Premier congrès de la langue française au Canada, convoqué par la Société du parler français au Canada et organisé sous le patronage de l'Université Laval. Sainte-Foy : Université Laval.

Société du parler français au Canada (1930). Glossaire du parler français au Canada. Québec : l'Action nationale limitée (réimpression en 1968 aux Presses de l'Université Laval).

Sœurs de la Congrégation de Notre-Dame (1898). Lecture à haute voix. Lectures et récitations précédées d'une étude théorique et pratique de la prononciation française. Montréal : Congrégation de Notre-Dame (multiples rééditions, dont celles de 1918 et de 1933).

Sœurs de la Congrégation de Notre-Dame (1913). Cours de langue française rédigé d'après la méthode analytique, cours supérieur. Montréal : Beauchemin.

Sœurs de Sainte-Anne (1944 ; 1re édition 1940). Histoire des littératures française et canadienne, édition refondue et mise à jour. Lachine : Procure des Missions des Sœurs.

UNESCO (2002). Définition de « patrimoine immatériel sur le site http :// www.vie-publique.fr/politiques-publiques/politique-patrimoine/protec-tion-patrimoine/patrimoine-immateriel/

Union des écrivaines et écrivains québécois (UNEQ) (2001). Le français, patrimoine de la nation. Mémoire présenté à la Commission des États généraux sur la situation et l'avenir de la langue française au Québec, le 16 mars 2001. Montréal : UNEQ.

UQAM (manifeste de l') (1976). Québec français. 23, octobre, 12-13.

Untel, Frère (1959). Les insolences du Frère Untel. Montréal : les Éditions de l'Homme.

Le patrimoine scolaire anglo-protestant au Québec : archives, architecture, mémoire

Roderick MacLeod

Je suis ravi d'avoir été invité pour parler des communautés culturelles – bien que la plupart des Anglais au Québec auraient été étonnés d'être considérés comme « communauté culturelle » ! Chacun a sa perspective, bien sûr. Mais si l'on veut vraiment parler des communautés culturelles, commençons par la fabrique des nouilles Wing sur la rue de La Gauchetière à Montréal, une entreprise commerciale au cœur du quartier chinois depuis cent ans. Elle est, quand même, un bel exemple de patrimoine scolaire, car avant son incarnation actuelle l'édifice servait d'école : l'école Britannique et Canadienne (*British and Canadian*). Bâtie en 1826, elle est un des plus anciens édifices scolaires à Montréal, et sans discussion, le plus ancien construit par les anglo-protestants. En effet, c'était une entreprise anglo-protestante bien que dans les années 1820 la moitié des étudiants étaient, comme le nom l'indique, des Canadiens français, et que le premier vice-président du comité d'établissement était Louis-Joseph Papineau. On a créé l'école Britannique et Canadienne pour desservir, sans restriction confessionnelle, le grand nombre d'enfants de familles pauvres. C'était une « institution de l'État libéral », comme dit Jean-Pierre Charland. Pourtant, la poursuite de l'éducation multi-confessionnelle, enfant de la diversité religieuse des communautés protestantes, et l'opposition de l'Église catholique à cette forme d'éducation, a fait de l'école Britannique et Canadienne une école typique du système protestant vers les années 1860[1].

---

1. L'école a fermé ses portes en 1896.

Archives de Roderick MacLeod.

L'école Britannique et Canadienne est le sujet de mon projet de recherche actuel. J'aimerais citer tous les documents historiques qui existent à propos de cette institution :

- des rapports annuels pour la *British and Canadian School Society* (BCSS) de 1823 à 1826 ;
- quelques mots dans les rapports annuels de la *British and Foreign School Society* (société mère de la BCSS) de 1815 à 1844 ;
- une description de l'école dans *Hochelaga Depicta* de Newton Bosworth, publié en 1839 ;
- quelques mots dans les journaux de l'assemblée législative au sujet des subventions pour les écoles publiques ;
- quelques mots dans les journaux contemporains (Gazette, Witness, Vindicator) ;
- quelques mots dans les rapports annuels et les procès-verbaux de la commission scolaire protestante de Montréal (aux archives de la commission scolaire *English Montreal*) ;
- un acte d'incorporation de 1859 ;
- un cahier (c'est le document le plus intéressant) avec la liste de tous les élèves inscrits a l'école Britannique et Canadienne de septembre 1873 à juin 1877 (aux archives de la commission scolaire *English Montreal*).

Comme on le voit bien, dans le cas de l'école Britannique et Canadienne, son patrimoine se résume à quelques documents et une fabrique de nouilles.

Cependant, un autre aspect de son patrimoine est sa valeur sentimentale. L'école Britannique et Canadienne nous a laissé un legs particulier, quelque chose qu'on n'a pas souvent trouvé au Québec : une sorte d'éducation libérale, non confessionnelle, multiculturelle, ouverte, et gratuite. Bref : l'école représente une idée.

Tout cela veut dire que le patrimoine présente trois aspects :

- la documentation ;
- l'objet physique (ex : un bâtiment) ;
- l'importance symbolique.

Dès le début du « Projet de recherche sur l'éducation protestante au Québec » je me suis rendu compte que le patrimoine scolaire anglo-protestant était riche et varié. Partant à la chasse aux documents historiques, sans savoir ce que j'allais trouver, j'avais l'intention d'apporter un numériseur portatif pour pouvoir copier des documents en condition fragile. Quelqu'un m'a conseillé aussi de traverser le Québec en grand camion pour être capable de ramasser des boîtes de documents qui, autrement, seraient jetées par la fenêtre ! Heureusement, ma collègue et moi n'avons pas trouvé des poubelles pleines de documents rejetés, mais nous avons visité beaucoup d'archives des commissions scolaires anglaises (dans lesquelles se trouvent les documents du système scolaire protestant depuis 1998) dont les documents historiques étaient conservés dans les sous-sols, les greniers, les vieux placards, et les salles ou le niveau d'humidité était très élevé.

Nous avons aussi fait la connaissance de plusieurs historiens amateurs qui sont passionnés de l'histoire de l'éducation locale. Deux en particulier – Donald Healy, président de la Société Historique du Comté de Richmond à Melbourne (en Estrie) et, son épouse, Esther Healy, historienne du collège St Francis à Richmond et enseignante à l'école St Francis – nous ont exprimé leur opposition quant aux tendances centralisatrices de la commission scolaire *Eastern Townships*[2]. Durant les années 1980, la commission scolaire a intégré tous les documents de la région de Richmond dans ses archives. Après avoir visité ces archives, où l'on gardait des documents historiques dans des conditions épouvantables, les Healy sont allés avec leur camion pour reprendre ce

---

2. Le collège St Francis est aujourd'hui une école primaire.

qui semblait appartenir à la région de Richmond. Ces documents sont aujourd'hui installés dans une voûte à l'école St Francis.

En juin 2000, nous avons organisé un atelier à l'Université McGill ayant comme sujet la préservation des archives scolaires. Parmi nos invités étaient présents les archivistes des commissions scolaires anglaises (Anne Bilodeau, Louise Paradis, Joanna Wrench, Doreen Bouchard et Patricia Gonzalez), les directeurs généraux des commissions scolaires anglaises (Diane Fyfe et Bella Mianscum), les membres de plusieurs sociétés historiques (principalement les Healey), les représentants de quelques musées historiques, les représentants de la fédération des associations parent-foyer au Québec (Marion Daigle et Helen Koeppe), des historiens académiques (Brian Young, Jarett Rudy et Sherry Olson), et les archivistes de l'Université McGill (Johanne Pelletier et Gordon Burr), des archives nationales à Sherbrooke (Gilles Durand), et des archives nationales à Québec (Pierre-Louis Lapointe). Nous avons appris :

- que les grandes archives n'avaient ni le moyen, ni en effet le droit légal, d'accueillir une grande quantité de documents historiques provenant des commissions scolaires ;

Archives de Roderick MacLeod.

- que les petits musées et les archives locales n'avaient pas le moyen non plus d'accueillir ces documents, mais que la population locale était convaincue que le patrimoine devait rester dans leurs communautés.

Une impasse ? Peut-être pas : un partage de responsabilités est toujours possible, mais il faut que les grandes archives et les communautés s'organisent.

Une semaine après notre atelier, j'ai assisté à la première réunion du *Quebec Anglophone Heritage Network* (QAHN) ou Réseau du patrimoine anglophone du Québec, un réseau de sociétés et musées historiques dont les membres ne sont pas tous des anglophones mais plutôt des gens qui s'intéressent à l'histoire des anglophones au Québec (importante précision !) Depuis l'an 2000, le QAHN a entrepris plusieurs projets, en particulier, le « Cybermagazine » qui a pour but d'encourager le tourisme patrimonial. À ce jour, on n'a complété que deux régions, les Cantons de l'Est et les Laurentides ; une troisième région est en préparation, celle de l'Outaouais. Le QAHN a aussi publié une série de dépliants, qu'on appelle les « circuits patrimoniaux », à l'aide desquels on peut faire des visites en voiture de vingt régions qui présentent un patrimoine dit « anglophone » – les Cantons de l'Est bien sûr, mais aussi l'Abitibi-Témiscamingue, Matapédia-Restigouche, et le Haut Saguenay[3]. Les vieilles écoles, quand on en trouve, y occupent une place importante – par exemple, dans le comté de Brome en Estrie, « l'école pionnière Tibbits Hill ».

J'ai souligné l'importance des sociétés historiques parce que, dans la plupart des cas, c'est grâce à elles qu'on peut voir de beaux exemples d'écoles de rang préservées dans leur état original (ou presque original). L'école de Tibbits Hill, bâtie en 1844, et située à quelques kilomètres à l'ouest du lac Brome, est l'une des premières écoles transformées en musée. C'est une œuvre des années 1960 et la restauration a été subventionnée par l'Association protestante des enseignants de la province de Québec et entreprise par la Société Historique du Comté de Brome. Cette société historique a aussi restauré l'ancienne académie de Knowlton qui maintenant fait partie du Musée d'histoire du comté de Brome – celui-ci contient aussi une collection d'anciens appareils radio et un avion allemand du type « fokker D-VII », de la Première Guerre mondiale[4] !

---

3. Oui, en effet, il y avait, et il y a toujours, des anglophones au Saguenay–Lac-Saint-Jean !
4. Knowlton est aujourd'hui le village de Lac Brome.

Autre chef-d'œuvre de restauration, l'école Hyatt dans le village de Milby au sud de Lennoxville qui date de 1820. Ce projet a été réalisé par Milton et Beverley Loomis, avec le soutien de la société locale des loyalistes « United Empire » dont la famille Hyatt était l'un des fondateurs. L'école sert aujourd'hui de musée et reçoit des groupes scolaires ; ainsi les élèves peuvent admirer les vieux meubles, les outils et manuels scolaires, et les mannequins vêtus d'habits du XIXᵉ siècle. La vieille école de Melbourne, qui date de 1819, a été restaurée comme monument aux premiers colons de la région de Richmond, la plupart d'entre eux sont enterrés dans le cimetière à côté de l'école. À Mégantic, dans le village de Saint-Jacques-de-Leeds, on trouve l'ancienne « model school » de Leeds, et on peut la visiter en compagnie de guides vêtus comme les premiers colons écossais. La visite se fait en français, parce que la région est presque entièrement francophone – un bel exemple du patrimoine anglophone géré par des francophones.

D'autres écoles anciennes ont été recyclées : celle de Hatley, qui date de 1828, est aujourd'hui une bibliothèque et le centre communautaire de la paroisse[5]. Celle d'Inverness, près de Thetford Mines, sert de résidence pour personnes âgées. On voulait transformer l'ancienne académie de Lennoxville en bureau pour le *Townships Sun*, journal anglophone des Cantons de l'Est, mais la commission scolaire n'était pas d'accord et a permis sa démolition.

À Québec, à côté de l'église presbytérienne, on remarque l'école St Andrew's, de 1829, devenue centre communautaire de l'église « Kirk Hall ». L'ancienne *High School de Québec* des années 1860 a été convertie en appartements qui se trouvent sur l'avenue Saint-Denis, en face de la citadelle.

À Montréal, la préservation architecturale est, bien sûr, beaucoup plus complexe. Le plus vieil édifice scolaire protestant qui existe toujours est l'école Victoria située sur la rue Maisonneuve. Construite en 1887, l'école fait partie aujourd'hui de l'Université Concordia, bien que le bâtiment appartienne toujours à la commission scolaire. Également, l'Académie Strathcona, la première école secondaire d'Outremont, œuvre de 1914, fait maintenant partie de l'Université de Montréal. Le *High School* de Montréal, qui date aussi de 1914, (la sixième incarnation de cette institution centrale du système scolaire protestant) sert toujours comme école : la fameuse « FACE », école à vocation artistique gérée conjointement par les commissions scolaires francophone et anglophone. Le *High School Baron Byng* sur la rue

---

5. L'église anglicane située à côté date de la même année.

Archives de Roderick MacLeod.

Saint-Urbain, l'école secondaire de la communauté juive depuis 1922 et bien connue grâce aux écrits de Mordechai Richler, est aujourd'hui utilisée par l'organisme « Jeunesse au Soleil ».

J'aimerais terminer par quelques mots au sujet de l'importance symbolique des écoles, surtout en soulignant encore la fierté locale. Souvent, les noms d'écoles ont une grande importance pour la communauté environnante. L'école protestante d'Hochelaga a complètement brûlé en 1907, et une des maîtresses, Sarah Maxwell, est morte après avoir sauvé la vie d'une vingtaine de petits. Quand l'école a été rebâtie, on lui a donné le nom : École Sarah Maxwell. Quand l'école a fermé après la Deuxième Guerre mondiale, à cause du déclin de la population protestante à Hochelaga, une nouvelle école au nord de Montréal a reçu le nom de l'héroïne. Quand cette école a été fermée à son tour dans les années 1980, on a donné le nom Sarah Maxwell à la bibliothèque centrale du bureau de la commission scolaire *English Montreal*. Il est intéressant de noter que cet édifice contient plusieurs salles portant le nom des écoles fermées : même la cafétéria s'appelle « La cafétéria Francesca Cabrini ». Bel effort, mais on est assez loin de la préservation patrimoniale.

Aujourd'hui la communauté anglophone de Montréal est en train de lutter pour la survie de ses écoles. Malheureusement, il y en a trop pour une population qui diminue toujours, mais chaque quartier ne veut pas qu'on ferme la sienne. Je pense à l'école Elizabeth Ballantyne, institution vitale de mon quartier, qui date de 1922. La bataille pour préserver chaque école est peut-être sans espoir, même sans raison pratique car, il y a souvent des écoles plus modernes et plus grandes non loin, mais elle souligne l'importance symbolique du patrimoine scolaire.

PARTIE II

La valorisation du patrimoine scolaire : propositions

Vitrine de l'exposition *Regards sur le rapport Parent : exposition en 3 temps*, UQAM, 2004, Collection du Musée de l'Éducation.

Laure Gaudreault entre au Musée de l'Éducation : un fonds documentaire, une exposition virtuelle

Anik Meunier et Marguerite Nielly

L a réalisation, en 2004, de l'exposition *Regards sur le rapport Parent : exposition en 3 temps* conçue pour commémorer le quarantième anniversaire du dépôt du premier tome du rapport de la Commission royale d'enquête sur l'enseignement dans la province de Québec, a soulevé, notamment, la question de la conservation de notre patrimoine scolaire. En effet, les différentes étapes de conception de l'exposition ont contribué à rassembler et mettre en présence de nombreux documents écrits et visuels sur le thème de l'éducation au Québec. Cette démarche a mis en lumière le fait qu'il n'existe au Québec aucun lieu permettant de conserver ces objets culturels essentiels à la recherche et à la diffusion, notamment par l'élaboration et la présentation d'expositions sur l'éducation[1]. Lorsque l'exposition a été terminée, tous les éléments visuels rassemblés ont été à nouveau disséminés. Toute la richesse et la diversité patrimoniales reflétant notre système d'éducation sont actuellement fragmentées et freinent la construction d'une mémoire collective. Il est essentiel de rassembler et sauvegarder les documents originaux témoins de l'histoire de l'éducation.

---

1. Tout au long du processus de recherche, des difficultés majeures ont surgi afin d'identifier où étaient situées certaines des sources historiques et documents d'archives. Pourtant, la période historique couverte par la commémoration des quarante ans du rapport Parent, n'est pas particulièrement étendue dans le temps.

Le lieu tout indiqué de rassemblement et de conservation du patrimoine est sans contredit le musée, dont la définition, telle que formulée par l'ICOM (International Council of Museums/Conseil international des musées) est la suivante :

> [...] Une institution permanente, sans but lucratif, au service de la société et de son développement, ouverte au public et qui fait des recherches concernant les témoins matériels de l'homme et de son environnement, acquiert ceux-là, les conserve, les communique et notamment les expose à des fins d'études, d'éducation et de délectation (ICOM, 1988 : 26).

Conserver, telle est par définition l'une des missions centrales dont s'acquitte le musée. À cet égard, la création d'une institution de cette nature qui offrirait un endroit pour rassembler, conserver et diffuser le patrimoine scolaire mérite réflexion.

LE PROJET DE CRÉER UN MUSÉE DE L'ÉDUCATION

Au terme de la démarche de l'exposition *Regards sur le rapport Parent : exposition en 3 temps*, l'idée a été émise de créer, à l'UQAM, un musée qui porterait sur la thématique de l'éducation et qui relaterait ainsi l'histoire de l'éducation du Québec. Héritière de plusieurs anciennes institutions scolaires dont le collège Sainte-Marie, l'école des Beaux-Arts et les écoles normales Jacques Cartier, Ville-Marie et de l'Enseignement technique, l'UQAM, par son statut d'institution d'enseignement supérieur, par sa mission de formation des maîtres, par son implication dans les études supérieures en muséologie est l'une des institutions par excellence pour développer un musée consacré à l'éducation. Plusieurs documents et objets relatifs à l'éducation conservés, notamment, par les communautés religieuses, risquent, faute de lieux de rassemblement et de conservation, d'être dispersés ou détruits. Pour sauvegarder ce patrimoine, partie prenante de notre mémoire collective, le développement et l'implantation d'un Musée de l'Éducation s'imposent. L'ensemble du fonds documentaire québécois portant sur l'éducation constitue une réserve d'une richesse inestimable qui dans une dynamique d'échange contribue à définir et caractériser la culture actuelle. Par ses actions de recherche, de conservation, d'exposition et de diffusion, la création de ce musée favoriserait l'appropriation de notre patrimoine scolaire. Les objets de notre mémoire culturelle et patrimoniale survivront si, et seulement si, des interventions et actions de nature muséale de rassemblement, de sauvegarde et de conservation sont entreprises dans une perspective d'interprétation et de mise en valeur, dans une

Laure Gaudreault lisant un discours de remerciement lors du banquet du congrès de la Corporation générale des instituteurs et institutrices catholiques de la province de Québec (CIC), le 1er juillet 1959, Archives des Ursulines. Les personnes représentées sont (de gauche à droite) : Son excellence Monseigneur l'Archevêque Maurice Roy ; le député du comté de Charlevoix, l'honorable Arthur Leclerc, médecin de La Malbaie et ministre de la Santé ; le curé de La Malbaie, Monseigneur le chanoine Imbeau ; Madame Laure Gaudreault et le représentant de l'éducation, Monsieur Roland Vinette, Département de l'Instruction publique.

relation dialectique et dynamique avec le présent. Un musée consacré à l'éducation contribuerait ainsi au développement culturel et à la quête de sens de ces questions spécifiques à la société québécoise.

LES VISÉES D'UN FUTUR MUSÉE DE L'ÉDUCATION

C'est dans ce contexte et dans cette perspective que l'UQAM a entrepris de soutenir la démarche de mise sur pied d'un Musée de l'Éducation dont les axes de développement s'énoncent ainsi :

- Sauvegarder un patrimoine scolaire permettant de réunir et consolider les sources documentaires et les informations ayant trait à un pan de l'histoire matérielle de l'éducation au Québec.

- Développer et former un réseau d'experts scientifiques (chercheurs, historiens, muséologues et éducateurs) dans le domaine du patrimoine scolaire.

- Créer un pôle de références culturelles et patrimoniales sur la question de l'éducation au Québec.

- Valoriser et diffuser l'importance de la recherche scientifique dans le domaine de l'éducation et de l'histoire de l'éducation.

- Mettre en valeur et assurer le développement d'une collection sur le patrimoine scolaire du Québec.

- Élaborer et entretenir des liens de collaboration et de partenariat avec les différentes institutions du réseau muséal québécois et international.
- Développer une offre de formation (par l'intermédiaire de stages) et offrir un soutien à la formation complète et intégrée des étudiants des trois cycles universitaires dans les disciplines suivantes : histoire, éducation et muséologie.
- Devenir un lieu d'étude, de recherche et d'expérimentation en fonction des besoins de formation déterminés par les différents cycles universitaires des disciplines concernées (histoire, éducation et muséologie).
- Constituer un centre de ressources sur le patrimoine scolaire et l'histoire de l'éducation accessible à tous.

Le Musée de l'Éducation aura comme mandat premier d'entreprendre et/ou de soutenir des recherches conduites par des chercheurs universitaires (professeurs et étudiants) ou muséologues portant sur le patrimoine scolaire (bâti, matériel, écrit et oral) et de diffuser le résultat de ces recherches par le moyen d'expositions conçues à des fins éducatives c'est-à-dire à des fins d'enseignement et d'apprentissage. À cet égard, le musée collectionnera et conservera des objets et des artéfacts portant sur l'histoire passée, présente et future de l'éducation qui serviront à la conduite de recherches et à la tenue d'expositions et qu'aucune autre institution similaire (musées, archives, bibliothèques), qu'elle soit publique ou privée, ne collectionne ou ne conserve. En lien étroit avec une université, l'UQAM, le Musée de l'Éducation se veut aussi pour les étudiants universitaires, en particulier, ceux d'histoire, d'éducation et de muséologie, un lieu de formation et d'apprentissage où ils pourront entreprendre et compléter sous la direction de professeurs et de muséologues des recherches menant à des travaux académiques ou à la réalisation d'expositions.

LES PREMIÈRES RÉALISATIONS DU MUSÉE

Les religieuses de la Congrégation de Notre-Dame (CND), désireuses de contribuer au développement du musée, ont récemment fait le don à l'UQAM de documents relatifs au domaine de l'enseignement et du patrimoine scolaire[2]. L'équipe du Musée en collaboration avec la Commission scolaire de Montréal (CSDM) a œuvré à la réalisation de

---

2. Une convention de don a été signée entre la corporation Les Sœurs de la Congrégation de Notre-Dame et la Fondation de l'Université du Québec à Montréal afin de léguer des livres destinés à faire partie de la collection du Musée de l'Éducation. Ces livres, à valeur

l'exposition itinérante *Lire, toute une aventure... quand le musée va à l'école* et de son guide pédagogique à l'intention des enseignants et enseignantes et de leurs élèves.

En partenariat avec la Centrale des Syndicats du Québec (CSQ), l'Association des retraitées et retraités de l'enseignement du Québec (AREQ), de la Fondation Laure-Gaudreault, et soutenu par le ministère du Patrimoine canadien, le Musée a entrepris la réunion d'un premier fonds documentaire et la réalisation d'une exposition virtuelle sur la vie et l'œuvre d'une pionnière de l'éducation et du syndicalisme au Québec : Laure Gaudreault (1889-1975).

Laure Gaudreault est née à La Malbaie le 25 octobre 1889. Son travail a favorisé la naissance du syndicalisme enseignant au Québec. L'histoire la consacre, à juste titre, comme la fondatrice de la Centrale des syndicats du Québec (CSQ), autrefois la Centrale de l'enseignement du Québec (CEQ). Laure Gaudreault a consacré son existence à améliorer les conditions de vie des instituteurs et institutrices ainsi qu'à affirmer et renforcer les pratiques d'enseignement au Québec dès les années 1930. Il faut reconnaître que son travail, en plus de favoriser la reconnaissance de la profession des enseignants, a aussi permis à l'ensemble des Québécois et Québécoises la fréquentation d'écoles mieux organisées et mieux structurées.

À l'image de notre patrimoine, il semble pertinent qu'un premier fonds documentaire du Musée de l'Éducation soit consacré à cette femme. Car, malgré quelques publications, la vie et l'œuvre de Laure Gaudreault sont souvent ignorées. C'est pour cette raison qu'il nous semble opportun de faire connaître cette femme remarquable qui s'est démarquée tant dans sa vie professionnelle que par son combat pour les instituteurs et institutrices du Québec.

LA CRÉATION D'UN FONDS DOCUMENTAIRE

La création d'un fonds documentaire découle souvent d'un manque ou d'un éparpillement d'informations. Dans le cas présent, les informations disponibles sont souvent disparates, répétitives et succinctes. La nécessité de rassembler les documents qui se rapportent à Laure Gaudreault est devenue essentielle pour consolider sa mémoire.

---

historique et patrimoniale, proviennent de la bibliothèque générale de la maison mère de la Congrégation de Notre-Dame, avenue Westmount à Montréal. Ils ont été utilisés pour la recherche et l'enseignement supérieur au Collège Marguerite-Bourgeoys et à l'Institut pédagogique fondés par Sœur Sainte-Anne-Marie, CND.

Le fonds documentaire Laure Gaudreault permet au Musée de l'Éducation de réaliser des recherches portant sur la vie et l'œuvre d'un personnage emblématique de l'éducation au Québec. Par ailleurs, il facilite la localisation, l'identification et l'interprétation de l'ensemble des documents disponibles. De plus, il permet la création d'un répertoire, regroupant les données recueillies. Dans un souci d'accès aux sources d'informations, ce répertoire pourra être mis à la disposition des chercheurs et des historiens. Nonobstant ces quelques considérations, ce projet s'intègre dans une recherche scientifique et académique recoupant des questions tenant à la fois de l'éducation, de l'histoire et de la muséologie. Le fonds documentaire Laure Gaudreault a pour but de répertorier, conserver, interpréter, valoriser et diffuser, auprès de différentes catégories de publics, les informations et documents recueillis sur la vie et l'œuvre de Laure Gaudreault par le Musée de l'Éducation.

Depuis plusieurs mois, les recherches entreprises ont permis d'identifier d'importants éléments. Dans un premier temps, des recherches préliminaires ont été conduites afin de mieux cerner le rôle de Laure Gaudreault dans notre société. Ces recherches ont notamment été réalisées à l'aide de la documentation disponible au sein du Musée de l'Éducation. Les éléments recueillis comportaient, entre autres, des ouvrages ainsi que des enregistrements audio et visuels. Par la suite, des recherches plus approfondies ont été menées afin de compléter les démarches entreprises. À titre d'exemple, le fonds de la Corporation des Instituteurs et Institutrices Catholiques du Québec (CIC), organisme créé par Laure Gaudreault elle-même, a été identifié à l'Université Laval.

Ces premières recherches ont abouti à regrouper un ensemble de documents répertoriés et décrits dans l'Annexe A. À l'exception du film *Laure Gaudreault : rencontre avec une femme remarquable* par Iolande Cadrin-Rossignol, tous les documents identifiés font déjà partie du fonds documentaire du Musée.

À l'aide de ces documents, nous avons pu retracer des éléments biographiques relatifs à Laure Gaudreault. Ils ont trait à son éducation, son rôle d'enseignante dans Charlevoix, son travail de journaliste et enfin, son rôle dans la formation d'un syndicat regroupant les instituteurs ruraux et institutrices rurales du Québec. Nous avons pu établir un organigramme historique sur la mise en place du syndicalisme chez les enseignants et enseignantes du Québec.

Les premières lectures, visionnements et écoutes, nous ont guidés vers des recherches plus approfondies. Elles ont été conduites auprès d'organismes et de personnes ayant connu ou côtoyé, de près ou de

Organigramme du syndicalisme enseignant au Québec

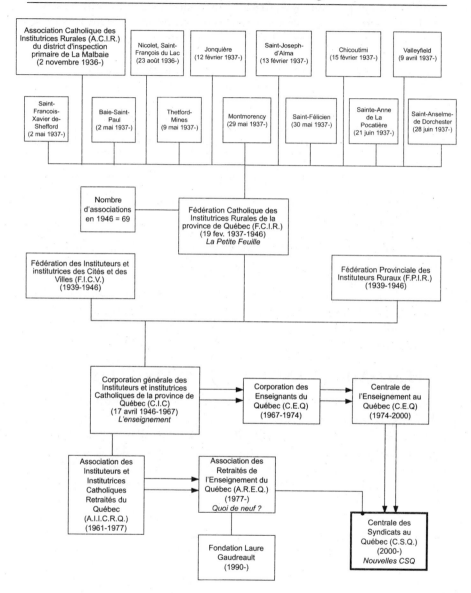

loin, Laure Gaudreault. Ces démarches ont confirmé que les sources documentaires étaient dispersées dans divers lieux : universités, archives, sociétés d'histoire, musées, communautés religieuses (voir l'Annexe B). Après la constitution de cet inventaire, l'équipe du Musée de l'Éducation a commencé à enregistrer les témoignages d'anciennes enseignantes et des membres de la famille de Laure Gaudreault.

À ce jour, des documents relatifs à la vie de Laure Gaudreault ont été identifiés. Ils ont trait à sa naissance, son enfance, son parcours académique, à sa vie d'institutrice d'école de rang, son rôle de journaliste, son combat pour la création du premier mouvement syndicaliste des instituteurs ruraux et institutrices rurales du Québec, son rôle de présidente au sein de la Corporation générale des Instituteurs ruraux et urbains du Québec et sa lutte pour la création d'un organisme œuvrant à l'amélioration de l'instruction et venant en aide aux retraités et retraitées.

L'amorce de la création du fonds documentaire Laure Gaudreault n'est encore aucunement représentative ni exhaustive, et ce, sous quelque forme que ce soit, ni de l'ampleur ou de la complexité de son œuvre. Toutefois, dans une optique de diffusion et d'accessibilité de l'information, le fonds sera disponible, au cours de l'année 2006, par l'intermédiaire d'une exposition virtuelle intitulée *Laure Gaudreault : une institutrice d'exception*[3].

LA RÉALISATION D'UNE EXPOSITION VIRTUELLE

L'exposition *Laure Gaudreault : une institutrice d'exception* vise à faire connaître la vie et l'œuvre d'une femme de la région de Charlevoix, plus particulièrement de la ville de La Malbaie. Par des documents historiques (manuscrits, photographies et autres) et des témoignages, l'exposition proposera de faire la connaissance de Laure Gaudreault à partir de quatre sections chronologiques et thématiques. La première racontera la jeunesse de Laure Gaudreault (1889-1929) : sa vie familiale, son passage à l'école des Sœurs de la Charité de La Malbaie, aux Ursulines de Québec ainsi que ses premières affectations dans les écoles de Charlevoix en tant qu'institutrice. La seconde abordera les années 1929 à 1946 et traitera du rôle et de l'influence de Laure Gaudreault en tant que journaliste. Car, ayant délaissé l'enseignement, pour des raisons de santé, Laure Gaudreault devient journaliste au *Progrès*

---

3. Cette exposition virtuelle développée dans le cadre du programme *Histoires de chez nous* du Musée virtuel du Canada (MVC) est rendue possible grâce au soutien du ministère du Patrimoine canadien.

du Saguenay et engage un combat pour améliorer les conditions de travail des instituteurs ruraux et institutrices rurales. Puis, elle fonde une association (ACIR) regroupant des institutrices de la région dont le premier congrès se tiendra à La Malbaie, en 1937. Bientôt, le mouvement s'étendra dans toutes les régions du Québec et sera à l'origine de la création d'un organisme syndical : la Fédération Catholique des Institutrices rurales de la province de Québec (FCIR) dont Laure Gaudreault sera présidente.

La troisième période regroupera les années 1947 à 1975. Durant cette période, Laure Gaudreault défendra, de sa région natale, tous les instituteurs et toutes les institutrices du Québec. Elle conduira son organisme à s'associer aux fédérations des instituteurs ruraux et urbains pour fonder la Corporation générale des Instituteurs et Institutrices Catholiques du Québec (CIC), en 1947. Délaissant progressivement la présidence de la corporation, elle fondera au sein de cette dernière l'Association des retraitées et retraités de l'enseignement du Québec (AREQ), en 1961. Jusqu'à sa mort, Laure Gaudreault portera un vif intérêt à la cause des instituteurs et institutrices. Enfin, la dernière partie fera état des incidences des œuvres et des actions de Laure Gaudreault dans les secteurs éducatif, culturel, social, historique et communautaire, de sa mort (1975) jusqu'à aujourd'hui.

Par les entretiens réalisés auprès de la communauté, l'exposition vise à présenter une facette du patrimoine scolaire qui relève davantage de l'oralité que de la matérialité de ce dernier. Les témoignages recueillis conféreront à Laure Gaudreault une dimension plus humaine. Enfin, l'exposition révélera un pan du patrimoine immatériel de la région de Charlevoix.

Le fonds documentaire Laure Gaudreault et l'exposition virtuelle *Laure Gaudreault : une institutrice d'exception* témoignent la présence du Musée de l'Éducation dans les milieux éducatif, muséal et communautaire. Le Musée de l'Éducation ne compte pas s'arrêter à ces réalisations car de nombreux projets sont en cours. Les démarches dans les fonctions d'acquisition, de collection, de recherche, d'interprétation et de diffusion du Musée de l'Éducation reflètent la vocation de la future institution à développer des projets ayant trait à l'éducation dans un souci de sauvegarde et de mise en valeur du patrimoine scolaire.

ANNEXE A

Documents regroupés lors de la première étape de recherche documentaire

Ouvrages

- Laure Gaudreault (1889-1975) « Pionnière du syndicalisme enseignant au Québec », *Revue d'histoire de Charlevoix*, La Malbaie : Société d'histoire de Charlevoix, avril 2002, numéro 39, 20 pages.
- Michel Giroux et Léonce Pelletier, *Les souvenirs de Laure Gaudreault : une chronique de l'Enseignement*, 1966-67, Montréal : Centrale de l'enseignement du Québec, 1997, 85 pages.
- Serge Gauthier, *Laure Gaudreault, la syndicaliste de Charlevoix*, Montréal : XYZ éditeur, 2005, 171 pages.

Cassettes audio

- *Laure Gaudreault* par Louisette Fournier-Giroux, Histoire en habit du dimanche. Radio-Canada (Québec) avec Jacques Lacoursière, 4 mai 1997.
- Entrevue avec Laure Gaudreault par Michel Giroux pour l'enseignement (4 bobines, 1 h 30 min 30 s)

Émissions de télévision

- *Attendez que je vous raconte Laure Gaudreault*, avec Louisette-Giroux, Production Télé-Québec.
- *Laure l'insoumise*, Histoires oubliées, série 4, Les Productions Vic Pelletier Inc.

Film

- Iolande Cadrin-Rossignol, *Laure Gaudreault : rencontre avec une femme remarquable*, Films Cénatos Québec 1983 (89 min 6 s).

ANNEXE B

Identification des lieux et diverses sources documentaires au sujet de Laure Gaudreault

Universités

- L'Université Laval possède le fonds de la Corporation des Instituteurs et Institutrices Catholiques du Québec (CIC) qui fut donné par la Centrale de l'enseignement du Québec (CEQ) en février 1994. Ce fonds comprend de nombreux documents administratifs de l'organisme syndical ainsi que des documents relatifs au travail de Laure Gaudreault en tant que fondatrice et administratrice de la même société ;
- L'Université du Québec à Montréal (UQAM) possède le film *Laure Gaudreault : rencontre avec une femme remarquable* de Iolande Cadrin-Rossignol ;
- L'Université de Montréal possède tous les articles journalistiques écrits par Laure Gaudreault dans *Le Progrès du Saguenay* sous les rubriques *Le coin des enfants* et *Au foyer* ainsi que des articles relatifs à son combat pour la défense des instituteurs et institutrices du Québec.

Archives

- Le Centre d'archives régionales de Charlevoix possède certains articles du journal régional *Le Confident* (certaines années) relatant les réalisations de Laure Gaudreault et son décès ;
- Le Centre du Saguenay–Lac-Saint-Jean des Archives nationales du Québec possède un dossier comprenant des photocopies de chroniques intitulées « Les souvenirs de Laure Gaudreault ». Elles sont extraites du journal *L'Enseignement* et couvrent les années 1966 et 1967.

Sociétés d'histoire

- La Société d'histoire de Charlevoix a un ensemble de documents regroupés sous l'intitulé *Collection Laure Gaudreault*. Cette collection comprend des documents épars qui ne sont pas des originaux ;
- La Société d'histoire du Saguenay possède *La petite Feuille* (septembre 1937 à décembre 1946), deux photographies du conseil des instituteurs et institutrices du Québec (CIC) datant de juillet 1955 où Laure Gaudreault apparaît et trois photographies du congrès des instituteurs et institutrices de la province qui s'est tenu à Chicoutimi du 4 au 7 juillet 1940.

Musées

- Le Musée des Ursulines possède les documents suivants : *Annuaire de l'École Normale Laval Québec, 1-7, 1895-1910*, qui donne l'information relative aux études de Laure Gaudreault (diplôme obtenu, prix et matières enseignées, règlements, etc.) et deux photographies datant du 1er juillet 1959 de Laure Gaudreault entourée de ses compagnons ;
- Le Musée du Bas-Saint-Laurent détient de nombreuses photographies en noir et blanc sur des institutrices de la région.

Organismes religieux

- Les Sœurs de la Charité de Québec disposent du programme souvenir du 1er congrès de l'ACIR en juillet 1937 organisé et dirigé par Laure Gaudreault, la constitution et les règlements de la même association, six articles de journaux, la revue *Un coup d'œil*, datée de 1948 et deux lettres.

Valorisation du patrimoine scolaire bâti par la mise en exposition

Soraya Bassil et Michel Allard

ORIGINE DU PROJET

Au cours du déroulement d'un des projets du Groupe de recherche sur l'éducation et les musées (GREM) consacré à l'architecte montréalais Joseph Venne, nous avons constaté que les écoles constituaient un élément important du patrimoine architectural québécois tant sur les plans social et culturel que scientifique et technique. Elles offraient de multiples occasions de démontrer l'importance que prennent dans un contexte multidisciplinaire l'application de données scientifiques et la mise en pratique de nouvelles techniques. Par exemple, la clarification du plan de l'école alliée à l'utilisation du béton armé ont fait en sorte de permettre la construction de nouvelles écoles plus sécuritaires. L'école Salaberry, bâtie de cette manière, est considérée comme la première école à l'épreuve du feu jamais construite à Montréal. Quant à l'importance de l'école sur les plans social et culturel, un autre bon exemple montréalais nous vient à l'esprit. Il s'agit du complexe paroissial de Saint-Pierre-Apôtre témoin d'un mode d'occupation de l'espace traduisant une organisation sociale (Ferretti, 1990). Ce complexe couvrant tout un îlot urbain se compose encore aujourd'hui de deux bâtiments scolaires, soit la première école Saint-Pierre-Apôtre construite en 1868 au côté du presbytère, aujourd'hui connue comme la maîtrise ; puis la seconde école Saint-Pierre construite à l'arrière de la première et au côté de l'église en 1887, aujourd'hui connue comme le centre Saint-Pierre.

L'école nous est ainsi apparue à la fois comme une institution et une construction. Or, au Québec cette évocation n'a pas toujours été réalité.

École Dubois, Saint-Jérôme. Service des archives et de gestion des documents de l'UQAM.

En effet, l'école s'est longtemps définie comme une institution fondée sur le travail d'instituteurs professant dans des locaux quelconques, le plus souvent dans leur propre logement. Il faut attendre le début du dix-neuvième siècle pour que l'école publique héberge l'instituteur et non plus l'inverse pour voir émerger les prémices d'une architecture scolaire publique (Derouet-Besson, 1998; Châtelet, 1999). En ce sens, la volonté de l'État de rattacher l'institution à un bâtiment s'est justifiée par le souci d'assurer la permanence de l'enseignement en un lieu donné, quel que soit l'instituteur.

L'école aura traversé plusieurs cycles de transformation pour atteindre l'aspect qu'on lui connaît aujourd'hui. D'une maison à une seule classe, l'école va devenir de plus en plus complexe avec non seulement plusieurs espaces déambulatoires et des services, tels les corridors, les cages d'escaliers et les toilettes; des salles de classe, mais aussi des salles spécialisées, tels le gymnase, la grande salle, la salle de récréation, la cafétéria, la bibliothèque, le musée et les toilettes.

L'école possède ainsi une réalité physique que l'on ne peut désormais nier. Or, cette réalité physique vient soulever le problème de sa propre pérennité et, de ce fait, de sa valeur comme patrimoine architectural. Toutefois, peu de mesures ont été prises pour documenter, préserver, mettre en valeur et exploiter le patrimoine scolaire qui est en train de se perdre, voire de se dilapider.

Si le patrimoine scolaire dans son ensemble est menacé, celui de nature architecturale l'est encore plus. De façon générale, les bâtiments scolaires sont perçus comme ayant une vocation utilitaire ; on les transforme ou on les démolit sans vraiment se soucier de leur valeur esthétique, historique et architecturale. Or, tout bâtiment possède une nature évolutive puisqu'il est destiné, d'une part, à être habité et transformé par ses usagers, d'autre part, à se dégrader sous l'action des éléments naturels et l'action de l'homme (Pho, 1997). Non seulement un bâtiment scolaire pourra subir des modifications majeures afin d'être adapté à l'évolution des besoins éducatifs et à ceux de ses usagers, mais aussi être vendu, voire démoli lorsqu'il ne peut plus remplir sa fonction première.

Un autre aspect du patrimoine architectural sont les représentations architecturales ayant servi lors de la construction. Nous pensons bien entendu aux documents écrits et visuels qui le concernent tels les photographies, les maquettes, les plans et devis, les croquis et les contrats. Ces documents risquent à tout moment d'être perdus à jamais. Sans compter que le mobilier scolaire, lui-même dispersé aux quatre vents, se retrouve parfois que chez les brocanteurs ou les antiquaires.

Et pourtant, le patrimoine scolaire est ancré dans l'espace et le temps, c'est-à-dire dans l'histoire même du développement de notre société. Chaque Québécois, grand ou petit, a un attachement particulier à son école : l'école fait partie de la vie quotidienne et de l'histoire de vie de chacun d'entre nous (Binette et Ascah, 2003).

C'est dans le but de valoriser et de faire mieux connaître la richesse à la fois architecturale, sociale et éducative de notre patrimoine scolaire et, grâce à une collaboration de plusieurs institutions concernées par le patrimoine scolaire que le projet d'exposition *Les murs de l'école* a vu le jour. En effet, l'intérêt grandissant manifesté par la Commission scolaire de Montréal (CSDM) envers son parc immobilier a enclenché un laborieux processus de conservation et de mise en valeur de l'architecture scolaire montréalaise. Rappelons brièvement que c'est grâce à la collaboration de l'équipe dirigée par Jean-Claude Marsan et Jacques Lachapelle, des experts en architecture et en urbanisme rattachés à l'École d'aménagement de l'Université de Montréal, que la totalité des bâtiments de la CSDM a été fichée et classée.

Ce classement a révélé que cette commission scolaire comptait dans son parc immobilier plusieurs bâtiments, en particulier des écoles, d'une riche valeur patrimoniale. Une Fondation des amis du patrimoine scolaire fut alors mise sur pied afin de mettre en valeur les bâtiments de la CSDM. La commission a alors conçu le projet d'organiser une exposition portant sur le patrimoine scolaire montréalais, comprenant son propre parc immobilier et ceux des autres commissions scolaires de l'île.

C'est à cette étape que le Groupe de recherche sur l'éducation et les musées (GREM) et l'Écomusée du fier monde (EFM) se sont joints au projet. Un comité conjoint fut alors créé afin de réaliser une exposition mettant en lumière la valeur du patrimoine scolaire bâti. L'exposition *Les murs de l'école* fut inaugurée à l'automne 2004 à l'Écomusée du fier monde situé rue Amherst à Montréal. Le visiteur de cette exposition est à même de constater *de visu* la richesse du patrimoine scolaire montréalais, voire des grandes villes québécoises possédant un patrimoine semblable. Nous pensons entre autres aux villes de Trois-Rivières et de Québec.

UNE EXPOSITION ET SON CONTENU

Pour illustrer la richesse et l'évolution du patrimoine scolaire montréalais, nous avons opté pour une mise en espace chronologique et thématique s'articulant autour des divisions périodiques et des exemples architecturaux illustrant l'évolution des schèmes scolaires à Montréal et d'autres sous-thèmes tels la sécurité, la salubrité, les salles spécialisées, l'ameublement, les écoles temporaires, l'intégration des arts, les rénovations, les agrandissements et les démolitions.

Tableau 1

Zones thématiques et écoles choisies pour l'exposition
Les murs de l'école

Titre des zones thématiques	Écoles choisies pour servir d'exemples principaux illustrant l'évolution des schèmes scolaires	Écoles choisies pour servir d'exemples secondaires illustrant d'autres sous-thèmes
LES MURS DE L'ÉCOLE, une introduction		
LES PRÉMICES (1800-1870), l'ébauche d'une architecture scolaire	1. The British and Canadian Elementary School (1826)	1. National Elementary School (1816) 2. Première école Saint-Jacques (1843) 3. Seconde école Saint-Jacques (1867)
LA CROISSANCE : de la suite dans les idées (1870-1939)	1. École Plessis (1876) 2. Académie commerciale catholique dite Le Plateau (1872) 3. École primaire pour filles Gédéon-Ouimet (1915) 4. Montreal Secondary School for Girls and for Boys [école Face] (1915)	1. École Belmont (1878) 2. École Champlain (1890) 3. École Montcalm (1894) 4. École Sainte-Élisabeth-du-Portugal (1895) 5. École Lorne (1892) 6. Église-école Sainte-Brigide (1845) 7. Montreal High School (1845) 8. École Sarfield (1870)

Titre des zones thématiques	Écoles choisies pour servir d'exemples principaux illustrant l'évolution des schèmes scolaires	Écoles choisies pour servir d'exemples secondaires illustrant d'autres sous-thèmes
	5. École Notre-Dame-de-la-Défense (1933)	9. École de Sainte-Anne-de-Bellevue (1896) 10. École de la Côte Saint-Paul (1882-1900) 11. Hochelaga School (1884) 12. École primaire de Salaberry (1908) 13. Earl Gray Elementary School (1908) 14. École primaire Saint-Pierre-Apôtre (1887) 15. Dorval Elementary School (après 1892) 16. Église-école de Verdun (1900) 17. Chapelle-école Saint-Pierre-aux-Liens (1910) 18. Chapelle-école Saint-Édouard (1896) 19. École primaire de la Visitation (1930) 20. Académie Garneau (1911) 21. École Saint-François-Xavier (1952) 22. Académie Jean-Baptiste-Meilleur (1925) 23. École primaire supérieure Le Plateau (1930-1931) 24. Académie Saint-Joseph (1918) 25. École primaire Sainte-Élisabeth-du-Portugal (1895) 26. École primaire La Mennais (1919) 27. Roslyn High School (1908) 28. Edouard VII Elementary School (1912) 29. École primaire Gabriel-Souart (1916) 30. Académie du Saint-Nom-de-Marie (1917-1919) 31. Iona Avenue Elementary School (1929) 32. École Anthelme-Verreau (1930) 33. École primaire Saint-Ambroise (1925) 34. Aberdeen Elementary School (1896)
EFFERVESCENCE de la création moderne (1945-1964)	1. Bedford Elementary School (1955) 2. Lachine High School (1957)	1. École primaire Marie-Victorin (1952) 2. Logan Elementary School (1952) 3. École primaire Saint-Albert-le-Grand (1957) 4. Maison-École Saint-François-d'Assise, c1953, 5. Maison-école Sainte-Gemma-Galgani annexe (1953) 6. École préfabriquée Saint-Léonard annexe (1965) 7. Lachine High School (1957), 8. École secondaire Évangéline (1965) 9. École des métiers de l'Automobile (1955) 10. École secondaire polyvalente Honoré-Mercier (1961)

Titre des zones thématiques	Écoles choisies pour servir d'exemples principaux illustrant l'évolution des schèmes scolaires	Écoles choisies pour servir d'exemples secondaires illustrant d'autres sous-thèmes
		11. Lindsay Place High School (1962)
		12. École primaire Victor-Doré (1960)
		13. École primaire Notre-Dame-du-Rosaire n° 2 (1966)
		14. École primaire Louis-Dupire (1967)
		15. École primaire Armand-Lavergne (1968)
APOGÉE et fin des ambitions modernes (1964-1973)	1. Parc-école secondaire Joseph-François-Perrault (1966)	1. Parc-école primaire Liébert (1955)
	2. École primaire Jean-Jacques-Olier (1967)	2. Parc-école primaire Saint-André-Apôtre (1953)
	3. École secondaire polyvalente Père-Marquette (1970)	3. Polyvalente George-Vanier (1972)
		4. Greendale Elementary School (1967)
		5. École Saint-Noël-Chabanel K-6 (1967)
		6. École primaire Jules-Verne (1973)
		7. École primaire Guillaume-Couture (1971)
		8. École primaire Marie-Favery (1964)
		9. École secondaire polyvalente Calixa-Lavallée (1969)
		10. École secondaire polyvalente Honoré-Mercier (1961/1974)
		11. École secondaire polyvalente Émile-Nelligan (1970)
		12. École secondaire polyvalente Georges-Vanier (1972)
		13. École secondaire polyvalente Pierre-Dupuy (1971)
ENJEUX contemporains (1980-2004)	1. École secondaire spéciale Joseph-Charbonneau (1980)	1. École primaire Notre-Dame-de-Fatima (1988)
	2. École des métiers de l'aérospatial (1994)	2. École secondaire Jean-Grou (1988)
		3. École primaire Bedford (1955)
		4. École primaire du Petit-Chapiteau (2002)
		5. Centre intégré de mécanique, de métallurgie et d'électricité (1999)
		6. École Sainte-Camille-de-Lellis (centre social)
		7. École Salaberry (1907), centre social
		8. Académie Garneau (1915), CLSC des Faubourgs
		9. L'École primaire Lambert-Closse (1967)
		10. Le Parc-école Sainte-Catherine-de-Sienne (1957)
		11. Dufferin Elementary School (1894)

De plus, à chaque période, les sous-thèmes suivants ont été abordés d'une façon plus ou moins exhaustive compte tenu à la fois de leur importance selon les époques et de la documentation accessible :

- *Les espaces scolaires et l'enseignement.* Il s'agit en particulier de l'évolution des schèmes scolaires notamment à travers la complexification du plan de l'école et l'organisation interne de la classe et de son mobilier. Cette évolution de l'école comme bâtiment est en relation directe avec l'évolution des matières scolaires et des stratégies pédagogiques tant et si bien que peu à peu des locaux spécialisés comme les laboratoires ou les gymnases font leur apparition au sein de l'école ;

- *Les espaces scolaires et la sociabilité.* Il s'agit plus particulièrement des espaces déambulatoires comme les corridors ou encore des locaux communs tels les salles de recréation ou la cafétéria ;

- *Les espaces scolaires et la sécurité.* Nous songeons ici aux sorties de secours, à la configuration de l'espace, à la nature des matériaux utilisés. Nous pensons aussi à la mise en place de structures de protection dans les écoles tels des grillages aux fenêtres ou des cloisons pour ceinturer l'espace des casiers permettant ainsi de gérer certains problèmes sociaux afin de contrer la violence par l'architecture. Il en va de même pour les fresques réalisées par les élèves sur les murs extérieurs de l'école qui servent de moyen de prévention aux graffitis ;

- *Les espaces scolaires et la santé.* Nous pensons ici aux nombreuses règles qui peu à peu régiront la qualité de l'air et la luminosité de l'école et de la classe. Notamment, nous pensons à la superficie sans cesse croissance de la classe, l'emplacement et le nombre de fenêtres que la classe comprendra, les systèmes d'aération mécanique et de chauffage, l'emplacement et le nombre de lieux d'aisance, etc. ;

- *Les espaces scolaires et la technologie.* Au fil des ans les progrès technologiques ont influencé les modes de constructions, ainsi que les conditions d'éclairage, de ventilation, d'insonorisation, de chauffage.

- *Les espaces scolaires et l'art.* Il s'agit en fait de la présentation des divers styles architecturaux utilisés pour la construction des bâtiments scolaires, en passant du style néo-gothique de l'école Plessis jusqu'aux *looks* high-tech de l'école d'aérospatiale. Nous pensons aussi à l'intégration d'œuvres d'art dès les années 1950 et de la mise en place d'une législation québécoise, la loi du 1%, dès 1979.

Voilà quelques sous-thèmes dévoilant la richesse de prime abord insoupçonnée des bâtiments scolaires. Ils témoignent dans un seul espace de plusieurs dimensions de la vie collective.

Les réflexions entourant les préoccupations normatives, architecturales, urbaines et sociales ont permis, en l'espace de deux siècles, de faire évoluer l'architecture de l'école. Elle aura traversé plusieurs cycles de transformation pour atteindre l'aspect qu'on lui connaît aujourd'hui. En clair, la disposition des classes, des bureaux de direction, des toilettes, des corridors, des cages d'escalier... se modifieront au cours de plus de deux siècles de constructions scolaires publiques vers les bâtiments scolaires que l'on connaît aujourd'hui.

Pour illustrer chacun des sous-thèmes, on a retenu pour chaque période, un bâtiment type, encore présent dans le paysage urbain, qui représente l'architecture de cette dite époque.

Par exemple, l'école Plessis s'inscrit comme cas de figure de l'architecture des années 1870 à 1890. Car en plus de mettre en valeur les débuts de l'architecture scolaire des deux grandes commissions scolaires de la Cité de Montréal, cette école témoigne des influences techniques et stylistiques américaines et européennes. Influences se reflétant notamment dans la composition interne des bâtiments et par l'agencement planifié des espaces utilitaires et déambulatoires. Par exemple, lors de la construction de l'école Plessis (1876), l'architecte Adolphe Lévesque avait situé la salle de promotion appelée communément « grande salle » au dernier étage, sous les combles, afin de permettre une utilisation maximale de cet étage. Quelques années plus tard, les architectes comprirent les dangers de cet aménagement, notamment en cas d'incendie. Cette pratique fut alors abandonnée.

Bref, une école peut ainsi représenter les préoccupations d'une époque et sur le plan muséologique s'axer sur la représentativité et non la singularité propre à l'œuvre d'art.

LA MISE EN EXPOSITION

Au-delà de préoccupations historiques, esthétiques ou techniques, une mise en exposition d'œuvres architecturales, dans ce cas-ci d'ordre scolaire, pose en soi un véritable problème. Il s'avère impossible de transporter un bâtiment dans une salle d'exposition comme on y présente une peinture ou un document d'époque. À défaut de mettre le visiteur en contact direct avec l'objet, il faut se rabattre sur d'autres moyens visuels.

L'OBJET ET LE MOBILIER

On peut tout d'abord utiliser des objets ou du mobilier que l'on retrouve dans un bâtiment. Dans le cas des édifices scolaires, on peut mettre en exposition des pupitres, du matériel pédagogique comme des manuels, ou encore des moyens d'enseignement comme le tableau noir. Ces objets, s'ils permettent d'évoquer les différentes fonctions d'un bâtiment scolaire et de témoigner de la vie d'une époque, ne renseignent que très peu sur le bâtiment lui-même. En outre, la rénovation des écoles, la disparition des communautés religieuses et aussi un désir de moderniser ont résulté en la disparition ou en la destruction de plusieurs de ces objets et de ce mobilier. Par conséquent, il faut beaucoup de recherches pour trouver l'ameublement du dix-neuvième siècle. Par chance l'Écomusée du fier monde avait acquis lors de la fermeture d'une des écoles de la CSDM un ensemble pupitre-table, ameublement caractéristique des écoles du tournant du vingtième siècle. D'autres types d'ameublement caractéristique du travail de certains architectes n'ont pu être retrouvés parmi celui qui avait été conservé par la Commission scolaire de Montréal.

LA RECONSTITUTION

À l'aide de plusieurs objets et de mobilier, on peut reconstituer une pièce d'un bâtiment. On a recours alors au procédé du « show room ». Par exemple, on peut reconstituer intégralement un atelier ou un bureau d'architecte comme dans l'exposition intitulée *L'architecture du XXe siècle au Québec* présentée en 1989-1990 au Musée de la civilisation de Québec ou encore en évoquer de façon suggestive et imaginative un bureau d'architecte comme l'exposition intitulée *Jos. Venne, architecte* présenté en 2000-2001 à l'Écomusée du fier monde. Toutefois, dans le cas d'un bâtiment scolaire, il s'avère difficile de reconstituer une classe alors que cette pièce constitue l'élément central et majeur d'un bâtiment scolaire. Nous prenons en compte la vérité historique que nous voulions montrer aux visiteurs, soit la superficie réelle de cette classe d'école urbaine, le nombre élevé de pupitres, souvent cinquante pour les écoles d'avant la réforme scolaire. Il valait mieux suggérer cet espace important au moyen de photographies et d'exemples d'ameublement que de se limiter pour la présente exposition à une évocation partielle de la classe par la disposition partielle de pupitres dans l'espace muséal qui ne se prêtait pas bien à une telle reconstitution.

LA REPRÉSENTATION

On peut, lorsqu'on les retrouve, exposer des maquettes qui très souvent furent réalisées avant la construction d'un édifice. Toutefois, elles sont rares et lorsqu'elles existent, elles sont souvent en piteux état. En effet, les architectes manifestent peu d'intérêt à conserver les représentations architecturales que sont les maquettes de travail et de présentation en dépit qu'elles possèdent une double dimension communicative évoquant à la fois le processus de création du bâtiment et son résultat, le bâtiment réel construit.

Un autre procédé plus classique consiste à recourir à des représentations visuelles du bâtiment. Les photographies, les films ou les vidéos de types factuel (historique) ou créatif (esthétisant) permettent alors de mieux le faire connaître. Les journaux d'époque ou les archives des institutions scolaires s'avèrent alors d'une grande utilité. Soulignons que parfois, lors de la promotion ou de la réalisation d'un projet de construction, les architectes eux-mêmes ou les commissions scolaires ont produit et diffusé souvent par l'intermédiaire de revues architecturales et pédagogiques, des photographies, des illustrations ou encore des dessins techniques schématiques, afin de mettre en valeur leurs œuvres. Ces documents visuels représentent une grande valeur pour le muséologue. Toutefois, ils sont dispersés çà et là et témoignent d'un point de vue intéressé. De plus, plusieurs photographies originales sont manquantes et on est alors obligé de se contenter d'impressions tramées de revues d'époque.

L'ÉVOCATION

À la jonction de la représentation et de l'évocation, on retrouve la maquette virtuelle ou modélisation. Ce moyen dynamise la présentation. Au lieu d'exposer des photographies et des dessins techniques qui ne permettent qu'une vue statique et qu'un seul point de vue du bâtiment scolaire, la modélisation permet de le reconstituer en un tout que l'on peut visiter de l'extérieur et de l'intérieur. Bien entendu cette maquette est réalisée grâce aux documents écrits et visuels historiques que le chercheur a pu retrouver. Le bâtiment peut alors être présenté à travers les différents états physiques qu'il a eus au cours du temps ou simplement selon un seul état spécifique, par exemple, l'état d'origine. On peut de plus choisir de faire une maquette manipulable par le visiteur ou simplement d'en faire une projection. Pour un musée présentant des expositions ethnographiques spécialement d'architecture, cet outil de vulgarisation apparaît comme la voie de l'avenir pour faciliter la compréhension de l'architecture et son évolution. Il permet au visiteur de donner un sens à différentes représentations architecturales. C'est ainsi que dans le cadre de l'exposition consacrée à Jos. Venne nous avons pu, à partir de photographies anciennes numérisées, reconstituer le bâtiment dans lequel logeait, rue Saint-Denis, l'Université Laval, succursale de Montréal. Dans l'exposition consacrée au patrimoine scolaire, la même technique a été utilisée pour présenter la première école secondaire de la CSDM, l'école Le Plateau. Ce procédé déjà utilisé par les promoteurs de projets immobiliers ou par les designers s'avère un moyen efficace pour mettre en exposition des bâtiments de façon dynamique. De plus, ces moyens peuvent être facilement modifiés pour refléter les nouvelles découvertes quant au bâtiment représenté.

La plupart de ces moyens, sauf la reconstitution fidèle ou évocatrice, ont été utilisés dans l'exposition *Les murs de l'école*. Ils permettent aux visiteurs d'aborder le patrimoine scolaire architectural, de les sensibiliser mais ne peuvent remplacer une visite *in situ* des lieux. L'Écomusée a, à cet effet, réalisé des circuits urbains mettant en vedette certains bâtiments vedette de l'exposition, afin de compléter la visite au musée.

CONCLUSION

Ce premier tour d'horizon du patrimoine scolaire bâti se veut une amorce à la conscientisation du public et des instances politiques quant à la nature fragile et éphémère de documents forts précieux, ainsi que de la valeur des rares reliques d'une architecture scolaire publique. On peut penser à l'école Plessis, la seule école qui subsiste des six premières écoles de la CSDM, école qui, selon nous, devrait être classée à l'arrondissement de la Ville comme bâtiment patrimonial d'importance (selon la nouvelle politique du patrimoine de la Ville de Montréal). D'autres expositions s'attardant à l'architecture scolaire devront être réalisées afin de mieux connaître et faire connaître ce patrimoine à la grandeur de la province.

RÉFÉRENCES

ASCAH, Robert. BINETTE, René (2003). Document promotionnel pour la présentation du projet d'exposition *Les murs de l'école*.

BASSIL, Soraya. (2004). Scénario de l'exposition *Les murs de l'école*.

BASSIL, Soraya. (2000). Fiche de l'école Salaberry. Exposition Jos. Venne architecte.

BASSIL, Soraya. CREVIER, Yvon. LACHAPELLE, Jacques (2004). « La mise en pratique d'un processus de conservation du patrimoine architectural » dans la *Revue de la Société canadienne d'histoire de l'Église catholique*. (à paraître).

CHÂTELET, Anne-Marie (1999). *La naissance de l'architecture scolaire : les écoles élémentaires parisiennes de 1870 à 1914*. Paris : Honoré Champion éditeur, 448 p.

DEROUET-BESSON, Marie-Claude (1998). *Les murs de l'école : élément de réflexion sur l'espace scolaire*. Paris : Métalié, 305 p.

FERRETTI, Lucia (1992). *Entre voisins : la société paroissiale en milieu urbain : Saint-Pierre-Apôtre de Montréal : 1848-1930*. Montréal : Boréal, 264 p.

LACHAPELLE, Jacques. MARSAN, Jean-Claude (dir.) (2001 à 2004). Inventaire préliminaire des bâtiments patrimoniaux de la CSDM. Montréal : l'École d'architecture de l'Université de Montréal, programme de maîtrise en conservation de l'environnement bâti.

PHO, Dieu-Hanh [Alice]. (1997). *Description informatique de l'évolution d'un bâtiment : in modélisation de la transformation*. Rédaction de thèse M. Sc. A. de l'Université de Montréal.

À la recherche des écoles disparues

Robert Cadotte

Non, malgré le titre, ce texte n'est pas une nouvelle aventure d'Indiana Jones, bien que ce soit tout comme! Son objet est de présenter le site Internet sur l'histoire de huit écoles du quartier Hochelaga-Maisonneuve, à Montréal[1]. Ce projet a été mis sur pied par un politicien (un commissaire scolaire) bien décidé à retrouver les racines des écoles de ce quartier défavorisé. D'archives déplorables en destruction d'écoles patrimoniales, nous pourrons voir dans ce qui suit comment, malgré tout, il est encore possible de sauvegarder une mémoire collective négligée, mais indispensable.

COMMENT CONVAINCRE UN POLITICIEN DE S'INTÉRESSER AU PATRIMOINE?

Au préalable, il est intéressant de décrire la démarche de ce commissaire et ce qui l'a conduit à s'intéresser au patrimoine. Cette démarche peut sans doute fournir quelques idées aux spécialistes afin de leur permettre de sensibiliser d'autres politiciens à l'histoire et au patrimoine québécois. Notons d'abord que ce commissaire n'était ni historien, ni muséologue, ni architecte. Bref, un parfait béotien! On doit à l'historien et muséologue, Paul Labonne, de lui avoir inoculé le virus. Cette inoculation s'est produite à l'église Saint-Nom-de-Jésus. Cette dernière est un monument spectaculaire. Lors de sa construction, en 1903, on a voulu en faire la cathédrale de l'Est. En 1915, on y installa les sixièmes plus grandes orgues au monde, avec 6 219 tuyaux et quatre claviers. En 1972, les orgues cessèrent de fonctionner, faute d'entretien. Dans la foulée du concile Vatican II, on considérait ces anciens instruments, désuets et inutiles. En 1985, un comité de citoyens s'est finalement

---

1. On trouve ce site à l'adresse suivante : www.csdm.qc.ca/patrimoine/.

mobilisé pour restaurer le premier clavier. Puis, rien n'a bougé jusqu'en 1995 alors que le directeur de l'Atelier d'histoire Hochelaga-Maisonneuve, Paul Labonne, s'est attelé à la tâche de restaurer ces magnifiques orgues. Il y avait un hic cependant. Pour le seul deuxième clavier, la facture s'élevait à 125 000 $.

Avec l'objectif de trouver un président d'honneur (une locomotive !) pour amasser cet argent. M. Labonne contacte donc le commissaire. Premier obstacle de taille, la tiédeur religieuse du commissaire ! Le mot « tiédeur » est ici un euphémisme puisqu'il commence par refuser tout net. Qu'à cela ne tienne, ce n'est pas parce qu'on ne croit pas à Ammon Râ qu'il faut laisser se détériorer les pyramides d'Égypte ! La première chose à faire pour trouver un président d'honneur est d'abord d'intéresser le prospect à l'œuvre elle-même. M. Labonne insiste donc et demande au commissaire de visiter l'église avant de donner une réponse définitive. La visite se passe un samedi soir, alors que l'église est fermée à clef, comme d'habitude. Quand le directeur de l'Atelier d'histoire allume l'éclairage, le commissaire en a le souffle coupé. La décoration de l'église est en effet la plus grande œuvre de Toussaint-Xénophon Renaud. C'est sans compter les orgues imposantes et l'immense tableau de Georges Delfosse représentant la Pentecôte, au-dessus du maître-autel.

L'effet est réussi. Devant la perspective de laisser aller à l'abandon cette œuvre majeure du patrimoine québécois, le commissaire finit par accepter. Il ne savait pas, le pauvre, qu'il venait d'entrer tête première dans la cage à homard. Un président d'honneur doit en effet savoir un peu de quoi il parle. Il lui faut donc se faire instruire sur les grandes orgues, sur la Maison Casavant, sur l'église de style Beaux-Arts. L'historien Labonne lui explique alors que le style Beaux-Arts a été adopté par la Cité de Maisonneuve entre 1900 et 1918, notamment pour les deux écoles Saint-Jean-Baptiste-de-La-Salle et Saint-Nom-de-Marie (Irénée-Lussier).

LES ESCALIERS

C'est donc avec cet œil nouveau que le commissaire (membre de l'opposition) voit apparaître au Conseil des commissaires un dossier sur la réfection des escaliers monumentaux de ces deux écoles. Habituellement, ce genre de dossier est accepté sans discussion. Mais là, hanté par le style Beaux-Arts récemment découvert, le commissaire se met à poser des questions : – *Seront-ils refaits en pierre grise ? – Non, ça coûterait trois fois plus cher. Nous allons les refaire en ciment et en brique ! – Mais alors, ça va complètement détruire le cachet de la façade des écoles. – Oui, hélas! Mais que pouvons-nous faire? Le MEQ ne finance pas ces coûts supplémentaires. Le patrimoine scolaire n'existe pas pour le MEQ.*

Il n'en fallait pas plus pour mobiliser le politicien nouvellement converti à l'importance de préserver le patrimoine scolaire. Devant le tollé, la CECM a finalement dû refaire les escaliers en pierre grise. Comme on le voit, une fois inoculé, ce virus est très résistant, bien que le commissaire en question ait eu des préoccupations tout autres. L'essentiel de ses objectifs était en effet d'améliorer le succès scolaire des enfants pauvres.

LE PATRIMOINE BÂTI

Il est bien difficile de fonctionner de façon compartimentée dans la vie. Notre politicien s'est donc mis à introduire la dimension patrimoniale dans son quartier défavorisé. Les pauvres ont aussi droit à la beauté, s'est-il dit. Son geste suivant a été de concevoir un matériel pédagogique pour diminuer le vandalisme et les graffitis sur les édifices patrimoniaux. Les élèves ont ainsi pu s'initier à l'histoire de ces édifices. Ils ont pu dans bien des cas les visiter, mais ça, c'est une autre histoire.

Par la suite, après avoir accédé au pouvoir, en 1999, il a tout naturellement fait voter la mise sur pied d'un comité du patrimoine bâti, puis, à la suggestion de ce comité, il a fait voter un budget afin de réaliser une étude sur les 66 bâtiments les plus intéressants de la Commission scolaire de Montréal. C'est le groupe dirigé par Jean-Claude Marsan qui fut chargé de l'étude. Le politicien comptait utiliser ce bilan pour forcer la main des gouvernements afin qu'ils investissent dans le patrimoine scolaire. Ces études constituent encore aujourd'hui une excellente base de négociation.

Que conclure de cette histoire sinon que, grâce à la sensibilisation entreprise par un historien-muséologue, un homme politique a finalement compris l'importance du patrimoine et de l'histoire dans la vie des Québécois? De telles sensibilisations peuvent être extrêmement profitables pour la conservation du patrimoine, car ce sont les politiciens qui disposent des leviers pour agir.

L'HISTOIRE DE L'ÉCOLE NOTRE-DAME-DE-L'ASSOMPTION

Cela nous amène au projet des histoires d'écoles d'Hochelaga-Maisonneuve. C'est en 1999, après avoir conçu un matériel visant à diminuer le vandalisme des édifices patrimoniaux que le commissaire entreprend d'écrire, avec la collaboration de la pédagogue Colette Noël[2], l'histoire des écoles d'Hochelaga-Maisonneuve.

L'idée d'écrire ces histoires est d'abord apparue en analysant l'attitude des élèves et de leurs parents face à l'école. Ce quartier souffre d'un taux de décrochage très élevé. L'une des explications est que certains parents ont connu des expériences difficiles à l'école et qu'ils ne la valorisent guère auprès de leurs enfants.

C'est donc pour améliorer le sentiment d'appartenance des élèves face à leur école que la première de ces histoires, celle de l'école Notre-Dame-de-l'Assomption, a été écrite. Publié en 2001 et comptant 200 pages, ce livre a été distribué à chaque élève. Outre l'histoire de l'école et la description de vieilles méthodes d'enseignement utilisées avec leurs grands-parents, on y trouvait une photo de tous les élèves ainsi qu'une section de quelques pages où l'élève pouvait écrire sa propre histoire et y inclure quelques photos. L'idée était de leur fournir un album souvenir en même temps que de les initier à l'histoire de leur école et de l'enseignement.

DES ARCHIVES EN MAUVAIS ÉTAT

L'écriture de ce premier livre a permis de constater l'état déplorable des archives de la Commission scolaire de Montréal. Seulement deux types de documents sont à peu près complets. Il y a d'abord les résultats des élèves. Une loi rend les commissions scolaires responsables de conserver ces résultats pour les fournir à ceux qui les demandent. Il y a ensuite les documents relevant de la construction et de la réparation des écoles.

Concernant la vie des écoles, les archives ne contiennent à peu près rien après les années soixante, période qui correspond au désengagement des communautés religieuses dans la direction des écoles.

Devant ce constat, le commissaire a insisté pour que soit actualisée la politique d'archivage des écoles. Un nouvel archiviste, Alain Beauchamp, a été chargé de mettre en application cette politique.

La recherche a également permis de constater à quel point certains documents précieux étaient détériorés. La Commission scolaire ne possède pas de voûte adaptée à la conservation des documents anciens.

---

2. Colette Noël est la fondatrice de la première école active (Freinet) au Québec, en 1955.

Classe de finissantes, avant 1950, collection privée.

Exemple de conséquence, le premier livre des minutes du conseil des commissaires, datant de 150 ans, était dans un état lamentable : les pages étaient arrachées, rognées en plusieurs endroits. Une restauration s'imposait d'urgence. Elle a par la suite était réalisée au coût de 6 000 $. Ce genre d'opération fait cependant ressortir les coûts importants qu'il faut investir pour préserver ce fonds d'archives. Cet investissement nous apparaît urgent, car, ne l'oublions pas, la CSDM (CECM) est la plus importante des quatre premières commissions scolaires créées au Québec, en 1846.

Il est aussi utile de souligner qu'au cours de la recherche, on a constaté qu'il était impossible de connaître le nom des enseignants de la CECM entre 1968 et 1980. La CSDM ne possède plus d'appareil pour lire les bobines informatiques de l'époque ! Cela illustre bien le danger que peut représenter l'ère informatique actuelle. Pour économiser l'espace, on ne produit souvent plus de copies papier. Or, rien n'est plus fragile qu'un support informatique…

Enfin, il faut noter la misère de la collection de photos de la CSDM. Celle-ci possède une collection de 700 photos d'époque alors qu'elle a été propriétaire de plusieurs centaines d'écoles[3]. Parmi ces photos, seulement trois avaient été prises dans les huit écoles du territoire de notre commissaire.

LA RECHERCHE SUR LES SEPT AUTRES ÉCOLES

La recherche sur la première école a été réalisée en 18 mois. À ce rythme, il aurait fallu 10 ou 11 ans pour écrire l'histoire des sept autres écoles. Le commissaire devait donc trouver de l'aide.

Après avoir consulté ses présidentes de conseil d'établissement, l'une d'entre elles, Marie France Charrette, entreprend de demander l'aide d'historiens en faisant appel à Internet. À sa grande surprise, elle reçoit une réponse de Joanne Burgess, professeure d'histoire à l'UQAM. En parallèle, une subvention est demandée au Fonds Jeunesse afin de financer l'impression des sept autres livres.

À la suite d'une rencontre entre le commissaire et Joanne Burgess, celle-ci propose aux finissants de son département de s'inscrire dans un cours de recherche-action pour travailler au projet. Quatorze étudiants s'inscrivent et acceptent de consacrer 135 heures chacun à la recherche. Chaque école est prise en charge par deux étudiants.

Cette imposante recherche ne permet toutefois pas de compléter l'écriture des huit livres. Prévoyant terminer son mandat en 2003, le commissaire propose alors aux présidentes des conseils d'établissement d'utiliser une partie du budget du Fonds jeunesse pour numériser et mettre sur Internet tous les documents et toutes les photos trouvés, ainsi que les segments d'histoire dont la rédaction est terminée.

UN SITE EXEMPLAIRE

Le contenu du site s'avère impressionnant. On y retrouve plusieurs centaines de photos trouvées dans les archives des communautés religieuses ou recueillies auprès d'anciennes élèves qui ont fréquenté ces écoles dans les années 1930, 1940, 1950.

Le site rend également accessibles aux élèves, aux parents et aux chercheurs un grand nombre des documents qui se trouvent dans les archives de la CSDM et des communautés religieuses. On peut même y trouver une photographie de la quasi-totalité des écoles disparues d'Hochelaga-Maisonneuve. Certaines d'entre elles étaient de véritables monuments, tels que le couvent Hochelaga ou l'Académie La-Salle.

---

3. Si l'on se fie au ratio d'écoles disparues et actuelles du quartier 13 (Hochelaga-Maisonneuve), ce chiffre avoisinerait 600 écoles.

À la recherche des écoles disparues, ce n'est malheureusement pas dans les archives de la CSDM qu'ont été trouvées la plupart de ces photos. Heureusement, la relative jeunesse de ces écoles (75 à 150 ans) a permis d'en retrouver des traces chez d'anciennes enseignantes, élèves ou communautés religieuses. Tout n'est heureusement pas perdu.

À VENIR

Récemment, Marie-France Charrette et ses collègues ont finalement embauché le directeur de l'Atelier d'histoire, Paul Labonne, pour terminer l'écriture de ces histoires d'école. Celles-ci devraient être publiées d'ici juin 2006.

En sus, le commissaire a fait toute une trouvaille dans les archives. Cette trouvaille lui a donné l'idée d'écrire un livre sur un événement peu connu de notre histoire, mais qui a sans nul doute eu un effet considérable sur le Québec moderne. Il s'agit de l'affaire des images pieuses à l'école Saint-Nom-de-Jésus, en 1962.

En bref, dans la petite boîte réservée à cette école dans les archives de la CSDM se trouve une liasse de documents et de photocopies relatifs au congédiement de quatre jeunes professeurs qui avaient décidé d'enlever les images pieuses des murs de leurs classes. Ce congédiement est finalement devenu une affaire nationale grâce au *Nouveau Journal* qui a repris l'affaire et l'a étalée en long et en large dans ses pages, forçant ainsi les concurrents à faire de même. Le *Nouveau Journal* est un quotidien démarré par les anciens propriétaires de *La Presse* ; il n'a malheureusement duré que quelques mois.

L'affaire a sans aucun doute eu un impact considérable sur l'évolution de nos écoles et sur leur laïcisation progressive. Qui s'en souvient ? Le site Internet présente tous les documents originaux de cette affaire[4].

---

4. Vous aurez sans doute deviné que le commissaire scolaire dont il est question est l'auteur de ce texte.

L'avenir du patrimoine scolaire

Jean-Claude Tardif

PRÉSENTATION

Des biens que l'on a hérités de son père ou de sa mère, des biens de famille, ou encore ce qui constitue le bien, l'héritage commun, voilà la définition usuelle du patrimoine. Au Québec, l'école forme un patrimoine à part, si l'on considère son caractère architectural et matériel, mais aussi son caractère humain et social.

Au moment où une cohorte importante d'enseignantes et d'enseignants se prépare à la retraite, il est urgent de se demander comment on pourrait faire survivre le souvenir de ces lieux qui ont marqué notre enfance, aussi bien à la campagne qu'en ville.

Dès lors se posent une série de questions : Quoi privilégier ? Pour quoi faire ? Qui doit assumer la protection et la mise en valeur du patrimoine ? Quelles sont les conditions de succès ? Un organisme comme la Centrale des syndicats du Québec (CSQ) a-t-il une responsabilité en cette matière ?

QUOI PRIVILÉGIER ?

Spontanément, on serait porté à répondre : tout. En pratique, ce n'est pas réaliste. On a des choix à faire. Je viens de terminer la restauration d'une deuxième maison du régime français et je sais trop bien jusqu'à quel point la sauvegarde du patrimoine est un devoir citoyen, mais en même temps une lourde, trop lourde responsabilité pour être laissée à des individus. Mais ce n'est pas tout. J'ai animé un comité de protection du patrimoine et un comité de revitalisation du cœur du village dans une petite municipalité vieille de 300 ans, sur la rive sud de Québec, et ce n'est qu'à force de collecte communautaire, de bénévolat et de

École Sainte-Justine-de-Newton. Service des archives et de gestion des documents de l'UQAM.

contribution municipale que nous avons réussi à reconstruire une vieille école de pierres et un ancien moulin à farine, victimes d'un funeste incendie, et à racheter une ancienne maison bicentenaire ayant hébergé un magasin général et plus tard une quincaillerie, pour en faire un centre communautaire.

En matière scolaire, de belles écoles ont croulé sous le pic des démolisseurs. D'autres ont été abandonnées et vandalisées. D'autres, enfin, ont été vendues à des particuliers et transformées. Les rares qui restent sont l'objet de regards admirateurs et font la fierté des municipalités ou des sociétés qui s'en sont portées acquéreurs. Mais à quel prix ?

Je n'ai jusqu'à maintenant évoqué que le patrimoine bâti. Mais que dire du mobilier et du matériel pédagogique, des manuels scolaires, des cahiers d'exercice, sans oublier la mémoire de celles et ceux qui ont fait l'école, du matin au soir, du lundi au vendredi et souvent le samedi, de septembre à juin, et cela, durant des dizaines d'années ? Il y aurait là tout un patrimoine à recueillir, archiver et diffuser.

POUR QUOI FAIRE ?

On ressent tous, un jour, le besoin de connaître ses origines puis de les transmettre à ses descendants. On a donc un devoir de mémoire. Pour ce faire, il faut identifier, inventorier, repérer ce qui a du sens, ce qui mérite d'être conservé, pour ensuite le diffuser et le faire connaître.

Des générations ont trimé dur pour survivre et assurer une certaine prospérité à leurs héritiers. En accueillant ce patrimoine, ces héritiers reconnaissent leurs prédécesseurs et se reconnaissent en eux. Ils en tirent ainsi une fierté certaine. Ils comprennent ainsi un peu mieux qui ils sont, quelles sont leurs valeurs et pourquoi ils ont tel ou tel comportement ou attitude. Conserver le patrimoine et le mettre en valeur n'est pas en soi un geste égoïste, mais un acte de générosité envers les générations futures.

QUI DOIT ÊTRE RESPONSABLE ?

Concrètement, si un bien est privé, il appartient à son propriétaire d'en assurer la garde. S'il appartient à une société ou à un gouvernement, c'est la même logique qui devrait s'imposer. Ainsi, les autorités scolaires ont un premier devoir de conservation. Ceci dit, les compressions des 25 dernières années ont été funestes. Il est bien connu que les établissements scolaires ont « géré en pompiers » c'est-à-dire qu'ils se sont contentés d'éteindre les feux. Avec comme résultat que des centaines de petites écoles ont été fermées et que celles qui survivent sont à peine entretenues. Quant au mobilier, au matériel scolaire ou aux manuels, il n'existe actuellement aucun musée pour les accueillir. Quelques établissements, surtout privés, ont gardé une ancienne tradition de petit musée institutionnel.

Avec le temps, ce sont des musées locaux ou régionaux ou des organismes à but non lucratif qui ont pallié cette carence. En d'autres occasions, ce sont les municipalités qui ont acquis « pour un dollar » des écoles désaffectées et les ont utilisées pour leurs fins. Certaines ont été remises en valeur et ouvertes au public. C'est le cas notamment de deux écoles de rang situées à l'Île Verte, dans le Bas-Saint-Laurent.

Des collectionneurs contribuent à leur manière à la conservation du patrimoine. Mais on sait qu'ils peuvent aussi être des facteurs de dispersion de nos collections vers l'étranger. De toute façon, ils contribuent à privatiser des biens qui mériteraient d'être collectivisés. Le patrimoine devrait être accessible à toute une communauté et non seulement à des individus.

L'État, en se désengageant de sa fonction de conservation du patrimoine, selon le credo néolibéral, contribue à une perte de mémoire et condamne à l'abandon puis à l'oubli une part importante de notre histoire. Souhaitons qu'un virage survienne avant qu'il ne soit trop tard.

QUELLES CONDITIONS DE SUCCÈS ?

Habituellement, si l'on veut sauvegarder un bien patrimonial, il est préférable de créer une organisation de prise en charge. Les sociétés d'histoire et les comités du patrimoine sont essentiels à la conservation d'archives, de biens matériels ou d'immeubles. Ils arrivent à survivre le plus souvent grâce à l'appui de la population locale ou d'un groupe d'intérêt, mais il importe de sensibiliser le plus de personnes possible à l'importance de ce type de conservation et à la nécessité de soutenir ce genre d'organisation. Le bénévolat et la présence d'experts sont des atouts essentiels, au même titre que le financement.

Faut-il remettre les objets et les lieux dans l'état initial ? Pas nécessairement. Au contraire, actuellement, les marques du temps sont des éléments que l'on souhaite conserver. Elles nous parlent. Elles ont des choses à nous raconter. Elles démontrent le caractère évolutif d'une société. Elles nous rappellent que les individus qui vivent aujourd'hui produisent le patrimoine de demain et que leur héritage est aussi précieux que celui qu'ils ont reçu.

Il y a quelques ennemis du patrimoine. Il s'agit des vandales, des commerçants, des démolisseurs, des voleurs. Il faut toujours se méfier de ceux qui veulent notre bien. Souvent, ils partent avec.

Mais il y a aussi des amis du patrimoine. Les « anciens » qui ont gardé jalousement ces trésors en attendant le bon moment et la bonne personne à qui les confier, les organismes de protection du patrimoine, les intellectuels, les mécènes, et, jusqu'à un certain point, les universités et les municipalités, qui contribuent à leur manière à la conservation de notre patrimoine. Je n'ai pas nommé les autorités scolaires pour la bonne raison qu'elles n'ont pas en général fait la preuve de leur volonté de conservation.

Avant de décider de conserver tel bien plutôt que tel autre, il convient de se donner des critères. La rareté, l'intégrité, l'authenticité, l'ancienneté, la valeur, le sens et le rayonnement sont autant d'indices à observer.

QUEL RÔLE ET QUELLE RESPONSABILITÉ POUR LA CSQ ?

En tant qu'actrice majeure du monde de l'éducation au Québec, la CSQ fait l'histoire. Le premier syndicat d'enseignantes a été fondé par une enseignante, Laure Gaudreault, à La Malbaie. La première fédération d'institutrices rurales également. Et, en toute logique, la première grève enseignante a suivi. Plus tard, ce fut le premier emprisonnement d'un président de centrale de l'enseignement. Et ainsi de suite. Plusieurs pages d'histoire ont été écrites par la CSQ, peu importantes pour certains, mais néanmoins incontournables pour une communauté qui a tant voulu sortir ses enfants de l'ignorance.

Depuis les tout premiers débuts, la Corporation générale des Instituteurs et Institutrices Catholiques de la province de Québec (CIC), puis la Centrale des enseignants du Québec (CEQ) et enfin la CSQ ont eu comme pratique de procéder à des enregistrements sonores, de conserver des photos, de produire des bulletins, des vidéos et des affiches qui sont des témoins précieux de ce passé pas si lointain, mais tellement différent. Un des fleurons de la CSQ est la création du mouvement des Établissements Verts Brundtland (EVB) qui font, auprès des jeunes, la promotion d'un monde écologique, pacifique, solidaire et démocratique. Sa fondatrice, Monique Fitz-Back, est décédée au printemps 2005 et la CSQ a convenu, en accord avec sa famille, de transférer son fonds d'archives au Musée de l'Éducation.

Une des associations membres de la CSQ s'appelle l'Association des retraitées et retraités de l'enseignement du Québec (AREQ). Fondée en 1960 par Laure Gaudreault, elle compte aujourd'hui 45 000 membres. Elle dispose d'un fonds d'archives imposant et s'apprête à faire l'inventaire de ce qui concerne sa fondatrice, en collaboration avec le Musée de l'Éducation.

Sensibiliser ses 170 000 membres, ses 250 syndicats et ses 13 fédérations à l'importance de préserver le patrimoine scolaire, transmettre les valeurs fondamentales de l'éducation et du syndicalisme, voilà une mission en accord avec celle du Musée de l'Éducation que l'UQAM s'apprête à créer et auquel la CSQ s'est associée.

CONCLUSION

Quel avenir se dessine pour la protection et la mise en valeur du patrimoine scolaire ? Quels défis s'imposent aux promoteurs d'un éventuel Musée de l'Éducation ? La volonté de plusieurs partenaires est incontournable, tout comme la volonté institutionnelle de l'UQAM en tant que promoteur et le soutien financier du gouvernement du Québec. Un inventaire des lieux historiques et des fonds d'archives, un lieu d'exposition et d'interprétation, constituent les premières initiatives à mettre en branle. L'éducation des jeunes au respect des valeurs patrimoniales, des traditions historiques et à l'accueil de l'héritage sont des pistes prometteuses. La mise à contribution de la recherche est également bénéfique. Mais rien ne remplacera la passion des personnes qui produisent ce patrimoine ou de celles qui en prennent soin.

Adopter une perspective tournée vers le patrimoine ne veut pas dire vénérer le passé. « Non, ce n'était pas le bon vieux temps. On s'est arraché le cœur à le changer », répétait Laure Gaudreault. Par contre, on a un devoir de mémoire. Or, rien n'est acquis. C'est là un combat de tous les instants. Autour du projet de Musée de l'Éducation, il apparaît clairement qu'il existe une volonté commune de se retrousser les manches et de contribuer à sauvegarder cette page magistrale de notre histoire collective.

MEMBRE DU GROUPE SCABRINI

Québec, Canada
2006